彌勒淨土真義闡述

彌勒菩薩是釋迦牟尼佛親自授記的未來佛，
其淨土則在欲界兜率天內，
以方便攝受欲界眾生。
古來大德修持彌勒法門，
發願往生兜率者很多。

慧廣法師 編著

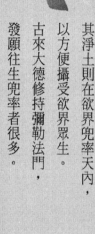

妙法蓮華經第二十八、普賢勸發品：

「若有人受持（法華經）、讀誦、解其義趣，是人命終，千佛授手，令不恐怖，不墮惡趣，即往兜率天上，彌勒菩薩所。彌勒菩薩，有三十二相，大菩薩衆所共圍繞，有百千萬億天女眷屬，而於中生。」

前言

慧廣

距離佛世越遠，時濁越重，衆生的根基越來越低劣。環境的影響，加上本身的業障，今天的學佛者，不但已無法承受釋尊「佛由人成」的精神，甚至連只以禪定爲主，不求證悟，念佛念到一心不亂就能往生的極樂淨土法門，也漸感承受不起。因此，本人介紹以戒爲主，修人天福德，就可以往生的彌勒淨土法門，以廣度有緣。

彌勒淨土信仰，興起於佛滅後三四百年間的印度，和極樂淨土法門，大約同時傳來中國，古代修持的人很多。如晉朝有名的道安大師，他同時倡導往生極樂淨土和兜率淨土。極樂淨土法門由弟子慧遠弘揚，他本身和弟子法遇八人則求生兜率；唐朝的三藏大師玄奘，和他弟子——有百部疏主之稱的窺基，都往生兜率。……但不幸的是，彌勒下生成佛的思想，千餘年前即受到野心政客的曲解利用，以從事奪權政變，到近代仍然如此；同時又受到極樂淨土宗的曲解貶斥。使得修持這法門的人減少，幾乎成了歷史上的陳跡。

本書計分五大編，初編以啓信爲主；第二編將外加於此法門的曲解，一一澄清，並將真正的意含指出；第三編爲往生的修法；第四編爲所依的經典；第五編爲增信，將古來高僧，求生兜率的事跡，陳列於內，以增加修這一法門者的信心。

文末要說明的是：此書初版於民國七十年間，再版於七十二年間，均屬非賣品，多年來已無存書，但每年總有人索取此書。特此，委由圓明出版社印行流通，以供愛好彌勒法門者研讀。

民國八十年元旦於高雄六龜

目次

目次

㈠、彌勒上生經的理想世界

星雲大師

根據彌勒上生經所描述的兜率淨土，就在天上，彌勒淨土，就是我們天上的理想世界。兜率淨土也叫彌勒內院，是彌勒菩薩在那裡說法的地方，這個淨土到底是什麼樣的情況呢？

1.是迴真向俗的世界

彌勒菩薩與釋迦牟尼佛當初是同時修行，但佛陀早就成佛，而彌勒菩薩仍然在彌勒內院修行菩薩道，這是當初發心不同所致，唯有比較相同的一點，就是他們的悲心願力，幾乎都是對娑婆世界的衆生，特別護念攝受。兜率內院，是在欲界中的一個兜率天裡，離我們這個世界不遠，要往生到彌勒淨土，不必像求生其他的淨土，要具備非常艱苦的修行，才能往生。往生兜率淨土只要我們皈依三寶，清淨持戒，如法布施，發願往生即可。彌勒菩薩的慈悲與善巧方便，使這個世界的衆生容易得度。我們可以做一個譬喻：一位大學教授，他發心到一個小學裡去教書，他本身學問很好，他的教法也很好，但是他願意爲這些小學生教書，這就是迴真向俗的精神。

觀世音菩薩是大慈大悲，但是彌勒菩薩也是一樣大慈大悲，他有一個名號叫慈氏，由這個名號我們就可以知道他也是大慈大悲的聖者。當初慈航法師在汐止創建彌勒內院，自稱慈氏，就是因爲他也在修學彌勒菩薩的兜率淨土法門。

近代提倡革新佛教的領袖——太虛大師，他因中國佛教有四大名山，分由四大菩薩統攝，但缺少一座彌勒山，爲弘揚彌勒菩薩的慈心悲願，在他的構想中，曾想將浙江雲竇寺改爲大慈彌勒菩薩的彌勒山，另加大悲觀世音菩薩的普陀山，大願地藏菩薩的九華山，大行普賢菩薩的峨嵋山，大智文殊菩薩的五台山，則可合稱佛教的五大名山。以上五位菩薩，各有他們的世界，各有他們的淨土。現在所說的就是彌勒菩薩的淨土世界，有他的特色，因爲在他的世界裡，終日歡歡喜喜，到處隨緣隨衆，不是慈悲爲衆，就是布施衆生，這就是迴真向俗的世界。

2.是近易普及的世界

我們要往生西方的極樂世界，必須念佛念到一心不亂，要念到這種程度，實在不簡單，但是往生彌勒淨土，就不必達到一心不亂，往生極樂世界必須斷欲，才能蓮華化生，但彌勒淨土是不必斷欲就可往生；要到極樂世界需要經過十萬億佛土，但彌勒世界就不必那麼遠，彌勒淨土，和我們這個世界一樣，同在欲界，離我們很近，因此往生這個淨土也就比較容易，所以我們說它是一個離我們最近，修行非常容易，而又能夠普及一切衆生的世界。

3.是見佛聞法的世界

在我們佛教裡，有好多好多的古代大德，都曾到過彌勒上生經所說的彌勒淨土，例如東晉時代，淨土宗初祖慧遠大師的老師道安大師，與他的弟子法遇等八人都曾往生彌勒淨土；唐朝的玄奘大師及窺基大師，也都發願往生彌勒淨土，聆聽彌勒菩薩說法；現代的虛雲和尚，他活到一百二十歲，在他一百一十二歲的時候，曾經到過彌勒淨土，他曾作證說，那時正當彌勒菩薩在說法，聽衆中有十多位都是他認識的，如金山觀心禪師、天台融鏡法師、江西志善法師、寶華聖心法師，尤其他見到法會之中，當維那的就是阿難尊者！

在高僧傳裡，說到祖師大德往生彌勒淨土的事情，實在很多很多，如已經往生西方淨土的慧遠大師，也曾到過彌勒淨土，大概是去看他的老師道安大師吧！我們應該知道，祖師大德修持的功力，要往生那個淨土，是隨心所欲，來去自如的。故我們娑婆世界的衆生，若是往生彌勒淨土，在兜率內院之中，時常聽聞佛法，就不必擔憂再墮落了。

4.是迴智向悲的世界

彌勒淨土的殊勝，完全是因爲彌勒菩薩慈心度衆所致，他寧可不住於常寂光土，不住於淨智莊嚴的世界，反而在欲界天中建立淨土，廣度有情衆生。這就是因爲欲界衆生沈淪欲海太深，一時不易超脫。彌勒說到修行，大家總是畏難；談到離欲，大家總認爲會失落所有。彌勒菩薩不愧是一位慈氏聖者，他以他的無邊智慧，迴向悲愍娑婆世界上的衆生，給大家一個容易得度的機會，這就是彌勒淨土的最大特色。

——本文取自「星雲大師講演集」(一)，第七三頁。

㈡、贊彌勒淨土易修法門

印順導師

正念彌勒尊　求生彼淨土
法門最希有　近易普及故
見佛時聞法　何憂於退墮

或者覺得：釋迦已去，彌勒佛還沒有來，無論是修七支，修六念，禮佛念佛，總要有一特定的佛，爲我們的歸依處，才能信向堅定，佛與我們特別有緣才能護持我們，不會退墮。這雖然是對於三寶功德，因果定律，還缺乏深澈的信解，但也確是衆生的常情。釋迦佛大慈大悲，爲此曾經說有「正念彌勒尊，求生彼」彌勒「淨土」的法門。彌勒菩薩，爲釋迦佛法會中，親蒙授記的此土未來佛。現在生於兜率天；兜率天有一特別區，稱爲兜率內院。凡是當來下生成佛的，都先生在那裡；從前釋迦佛也是這樣的。兜率內院，是一清淨莊嚴的淨土，彌勒菩薩經常在那裡，為無量大眾說法。過了一個時期，彌勒菩薩要來這南閻浮提成佛；那時我們這個世界，早已轉為淨土了。在這彌勒的人間淨土中，三會龍華，化度無量眾生。所以如能發願往生兜率淨土，就能見彌勒菩薩；將來又隨佛下生人間，見佛聞法，這當然會向上勝進，還憂什麼墮落呢？釋迦佛慈悲的開示，出於彌勒下生成佛，及彌勒菩薩上生經等。

往生彌勒淨土「法門」，比起十方世界的其他淨土，真是「最」為「希有」，最為穩當！這可以從三點去說，一、「近」：彌勒現生兜率天，將來到我們人間來，同一世界，同一欲界；論地點是最近的，不像十方的其他淨土，總是要過多少佛土；論時間，來生生兜率內院，不太長久，就回到人間來，不像往生其他淨土，不知要到何年何月，才能再來娑婆。二、「容易」：兜率淨土與將來的人間淨土，都是欲界散地，所以只要能歸依三寶，清淨持戒，如法布施，再加發願往生，稱念南無當來下生彌勒佛，就能往生兜率淨土，不像往生其他淨土，非「一心不亂」不可。一心不亂就是定，這是不太容易的。

三、「普及」：往生彌勒淨土，不一定要發菩提心，出離心，就是發增上生心的人天善根，也能隨願往生。在兜率淨土及當來的人間淨土，彌勒尊是普應衆機，說人天法，說二乘法，說菩薩法，人人能稱機得益。在見佛聞法的過程中，向上增進，漸化人天根性為出世根性，化二乘根性爲大乘根性，同歸佛道。這不像其他淨土，連「二乘種姓」都「不」能往「生」，還能應人天根性嗎？所以彌勒淨土，才是名符其實的三根普被，廣度五姓的法門。

有人說：現在往生彌勒淨土，將來彌勒佛涅槃後，如還沒有了脫生死，那我們要怎麼辦呢（又怕不能見佛聞法而退墮了）？不知釋迦佛慈悲，將我們交與當來下生的彌勒佛。佛佛同道，難道彌勒佛不會開示我們，親近當來佛嗎？有人說：上面說「修天不生天」怎麼又說求生兜率天呢？不生天，主要是不依深定而生長壽天。欲界天，尤其是彌勒菩薩的兜率內院，經常見（未來）佛，聞法，修行，當然不妨往生。有人說：爲什麼不提倡往生彌陀淨土呢？要知道，阿彌陀佛的極樂淨土，是大乘的不共淨土，一般的聲聞佛教，就不信不知。這要到大乘法中去說，現在是說貫徹始終的五乘共法。有人說，從前修學彌勒法門的師子覺，發願求生兜率內院，結果生在外院，享受欲樂：往生兜率淨土，怕不大可靠。不知師子覺生在外院的故事，凡弘傳彌勒法門的，真諦、玄奘三藏、以及無著、世親的傳記中，都沒有此種記載，這只是別有用心者的故意傳說而已。

總之，學佛的不論何種根性，只要能以歸敬三寶，如法布施，清淨持戒功德，發願迴向彌勒淨土，在「見佛」而時「時聞法」的修行過程中，保證向上勝進，「何」必「憂」慮「退墮」呢！所以，敬請真誠發願往生，稱念「南無當來下生彌勒佛」！

——本文節自「成佛之道」

㈢、怎樣赴龍華三會？

太虛大師

——二十三年一月五日在慈谿金仙寺講——

究竟真實的佛法，是唯親證的諸佛乃能知之，所謂「唯佛與佛乃能究盡諸法實相」，絕非我們思量分別之所能解，言語文字之所能到的。不過慈悲爲懷的佛陀，欲攝化一切衆生皆證其所自證之法，推己及人，故隨各人的根性不同，所好各別，而從不可思議的第一義諦中，方便施設無量的教法，千差萬別。

佛法在我們中國，現在總算是普及的了，對佛法稍有認識的人，皆知有「龍華三會」一語；就是平常寺院裡唱的「佛寶讚」中，也有這麼一句：「龍華三會願相逢」。所以，現在就關於龍華三會的命名和意義及怎麼赴龍華三會，略爲說明。

1. 什麼是龍華三會？

「龍華三會」的意義，必須從彌勒佛將來下生此土的關係上來說明。因為彌勒佛當來下生成佛，是在龍華樹下，亦猶現在的釋迦牟尼佛的菩提樹下證果一樣。其樹名龍華者，言其枝幹高大如龍盤空，且能開燦爛之華，結豐碩之果。言三會者，亦與釋迦牟尼佛的三轉法輪相似。其轉第一次法輪，遇彌勒佛聽經聞法授記度脫者，是為龍華初會；經若干時期，有若干衆生，又聞彌勒佛說法而得超凡入聖者，是為龍華二會；到最後一會，則大轉法輪，凡為彌勒佛所度之機，皆度盡無餘，是為龍華三會。其實，彌勒佛當來下生人間說法何止這三次呢？不過是指大會而言，其第一大會度脫人天無量衆生，乃至第三大會亦度脫人天無量衆生罷了。從這第一、第二、第三會中，由聽聞正法，依教修行，而得證果的無量無邊衆生，是謂龍華證果。

現在的大藏經裡，有彌勒上生經與彌勒下生經的兩部中。關於彌勒如何成佛？他的世界是怎樣的莊嚴妙麗，清淨快樂？其土是如何的平正？衆生的性情如何和善？壽命如何的延長？皆有精詳的說明。同時，在彌勒下生經裡，亦曾說明當來下生的時間，距離現在尚很遠。而現在的中國，我們時常聽到有許多人普遍傳言說：「彌勒佛快要下生了，人間的浩劫將臨了，你們需要信仰什麼道或什麼教，不然，即將遭劫！」甚至亦有聽到這麼說：「末劫將臨了，你們快拿出洋錢到我的什麼道或什麼教裡來買一位置，以防不測之禍，否則，將來位置賣完了，眼看你們遭遇浩劫呀！」這些，都是捏造謠言，惑亂人心，藉以詐取利養的人們所爲之事，或許是對佛典不明而起附會所致的緣故，各位切莫相信！依據佛典證明，彌勒佛當來下生人間說法的時間，離今實遠。彌勒未成佛前亦稱菩薩，在彌勒下生經裡說釋迦佛時代就有這位菩薩，而且曾經釋迦佛授記：「汝彌勒受我記後，將來成佛度脫人天，」是爲彌勒做菩薩時代的歷史。彌勒上生經中佛告優婆離云：「此人從今十二年後命終，必得往生兜率陀天上，」是即從釋迦佛不久間，彌勒菩薩從人世而生天上，說法度生，故今兜率天中有「內院」爲其所依住。又說：「閻浮提歲數五十六億萬歲，爾乃下生於閻浮提」。即說明了彌勒菩薩距今二千五百餘年前生天後，須經過人世五十六億萬歲的悠久年代，纔能下生人間在龍華菩提樹下成佛，繫大法鼓，轉大法輪。是知彌勒下生的年代，距今遠甚，非特洄溯已過去了的時間如此長久，即使到將來下生我們現在所居的地球——閻浮提——上，其中的時間，亦如此長久；因人間四百年只當兜率天上一日，如此計算，閻浮提五十六億萬歲數完了，彌勒菩薩方纔天上壽終，下生人間，成道說法。由是考測龍華三會，尚須經過渺遠的時間；那末，浩劫將臨的話，可斷定其是謠言惑衆了。

2. 怎樣赴龍華三會？

上文已說明什麼是龍華三會的意義，現在當更進一步研究怎樣能赴龍華三會。由何種原因而達到目的——結三會之果呢？依彌勒上生經和下生經等所說，彌勒佛是本師釋迦牟尼佛在此界授記成佛的弟子，他所教化的世界，亦是釋迦牟尼佛所化的世界。故現在的人，應當依現在本師釋迦牟尼佛的教法而修行，亦如將來世界的衆生，依將來世界教主本師彌勒佛的言教而修行一樣。釋迦佛曾將其未曾度盡的衆生，皆付囑於當來下生的彌勒佛，故現在的人，凡是在釋迦佛法中生關係者，皆已與彌勒佛發生關係，將來龍華三會皆得授記作佛。那麼，現在在座諸位，皆是在釋迦佛法中生關係者，將來皆爲彌勒佛所攝受，赴龍華而證果是無疑的了。今日的我們，便是將來龍華三會中的我們，必有同赴龍華三會的一日，也是無疑的了。但是龍華有三會，到底怎樣分判呢？解答這個問題，就是釋迦牟尼佛法中發生關係有深淺、大小、勝劣而使然了。其關係深大而勝者，則赴初會；其次則赴二會；其淺小而劣者則赴三會。是則雖說人人皆可赴龍華三會，而勝者精進赴初，劣者懈怠落後，其時間之長短，功果之大小，則不可不區別了。其在釋迦佛法中，由深刻的了解而起堅固的信仰，如大乘起信論說的起大乘正信之心，修大乘六波羅密行，即得大乘菩薩之果。六波羅密即六度，修六度即能對治六弊：布施對治慳吝，持戒對治惡業，忍辱對治瞋恚，精進對治懈怠，禪定對治散亂，智慧對治愚痴。無論其爲男女、老幼、富貴、貧賤，倘能於釋迦佛法中起大乘正信心，修大乘六度行，則此生臨終，必得上生兜率內院，親覲彌勒如來，依教修行；將來亦隨彌勒如來下生，聞法起行，而得初會證果。故各位如能發大乘心，修六度行，不但爲自己個人離苦得樂，而且爲普救一切衆生離苦得樂求證阿耨多羅三藐三菩提果，則將來必赴龍華初會，得大勝果。那末，如何是初會不證果而待二會證的呢？是由於釋迦佛法中亦能起決定信心，皈依三寶，雖不發大乘心，修六度行，而因信仰決定，樂善好施，守持三皈五戒，由三皈而對佛教三寶起信仰心，而成爲三寶弟子，由遵持五戒成爲人類中的有道德者，故雖不能赴勝妙的龍華初會，而於二會亦得聞法修行，超凡入聖。三皈、即皈依佛，皈依法，皈依僧。五戒即與儒的「五常」相近，如表：

不　殺——仁
不　盜——義
佛家五戒　不邪淫——禮　儒家五常
不妄語——信
不飲酒——智

倘只初會與二會，則普度衆生必不廣，因初會範圍甚小，只度利根之機；二會範圍稍廣而非遍；故擴而大之普度一切，則唯龍華第三會了。凡與佛法稍生關係者，如偶起一念善心、歡喜心，或舉一手、低一頭，乃至於遊嬉中無意生關係者，如入寺瞻禮佛像，念一佛，誦半偈，無論其爲見聞佛法僧三寶者；甚至或見三寶生不信心、不願心、輕慢心者，亦由此而和佛法發生關係；若信不信，若敬不敬，凡在釋迦佛法中生關係者，皆已爲佛所付託與彌勒者；將來皆能赴龍華三會，授記作佛。上面是指在家佛教徒而說，若出家佛教徒，好的不消說，即如爲釋迦佛弟子而違背佛法，毀謗佛法，破壞佛法，造種種惡業，只要將來能聞彌勒佛名，或見三會說法，生一念歡喜心，往昔罪業皆悉冰消，而得證會解脫；是知龍華三會所度衆生無量無數。故現在世間有塑畫佛像，流通經典，削髮爲僧，表現三寶功德於人間，無非想世人見相作福，與佛法發生關係；如草本種子落土必抽芽，佛法的種子落於八識田中，其發芽生長亦正如此。依釋迦佛的大悲願力，凡於佛法中生關係者，皆已付囑於彌勒佛者，龍華三會皆得度脫。法華經所謂「或能舉一手，或復小低頭，……若入塔廟中，一稱南無佛，皆共成佛道」；此之謂歟？不特此也，小孩於遊戲中無意間見三寶形像，印象落於心田，將來因緣成熟，種子皆得發芽生長而開花結果，不過「只爭來早與來遲」而已。這樣說明如何赴初會，如何赴二會，如何赴三會的原理，則知現在在座諸位，將來皆是龍華三會中人。現在若發大乘心修六度行，將來即赴初會；縱不能做到六度，即修三皈、五戒、十善的道德，亦得赴二會超凡入聖；即使初會、二會都不赴，則如現在入寺，甚至或聞一聲暮鼓晨鐘，印象深印於識田，播下種子，結了因緣，將來皆得於龍華三會，證聖無遺。

但是，雖人人皆得爲將來龍華三會之衆，而在彌勒佛未下生之前，尚須經歷長久的空間和時間，似乎渺茫，我們將賴何爲依住呢？這有一個最切近的方法，在彌勒上生經說：「若有得聞彌勒菩薩摩訶薩名者，聞已歡喜恭敬禮拜，此人命終，如彈指頃即得往生」。就是現在釋迦佛法中聞是菩薩名字，知其在兜率內院說法，發願身心皈依，爲其攝受，則此生臨終必得上生內院，見佛聽法，是爲最切近而現身得著歸宿的方法。同時，將來亦得隨彌勒佛下生而授記作佛，故上生經又說：「如是等衆生，若淨諸業行六事法，必定無疑當得生於兜率天上，值遇彌勒，亦隨彌勒下閻浮提，第一聞法，……於諸佛前授菩提記」。

今日，說明什麼是龍華三會，怎樣赴龍華三會的方法和捷徑。願大家認識自己是龍華三會中人，宜於釋迦佛法中發大心修大行；今生求生兜率內院，將來趕赴龍華初會。（**守志記**）（**見海刊十五卷三期**）

㈣、彌勒菩薩本末大事因緣記

念西

1. 敘題

本者談以往，末者說當來；因緣亦爾，以往昔發心為因，以當來成佛為緣；因緣相契，而彌勒尊佛為一大事故，出現於世！

彌勒：新稱。梵語：彌帝隸、梅低梨、迷諦隸、梅怛麗、每怛哩、梅怛哩藥、昧怛履旺，菩薩之姓也。譯曰：慈氏。名阿逸多，譯曰：無能勝。或言：阿逸多為姓，彌勒為名。天台淨名疏五曰：「言彌勒者，有云：從姓立名，今謂非姓，恐是名也。彌勒，此翻：慈氏。過去為王名曇摩留支，慈育國人，國人稱為慈氏，自爾至今，常名慈氏。姓阿逸多，此云：無勝。有言：阿逸多是名，既不親見正文，未可定執。」

2. 誕生

佛在王舍城，鷲頭山中。爾時波羅奈王，名波羅摩達。王有輔相，生一男兒，三十二相，衆好備滿，身色紫金，姿容挺特。輔相見子倍生怡悅，即召相師占相之。相師披看，歎言：「奇哉！相好畢滿，功德殊備，智辯通達，出踰人表。」輔相益喜，因爲立字。相師復問：「自從生來，有何異事？」輔相答言：「其怪異常！其母素性不能良善，懷妊已來，悲矜苦厄，慈潤黎元，等心護養。」相師喜言：「此是兒志！」因爲立字，號曰彌勒。（賢愚因緣經）

3. 童年

彌勒，父母喜愛心無有量；其兒殊稱，國土宣聞。國王聞之懷懼，言曰：「念此小兒，名相顯美，儻有高德，必奪我位，蔓其未長，當預除滅，久必為患。」作是計已，即勅輔相：「聞汝有子，容相有異，汝可將來，吾欲得見。」

時宮內人，聞兒暉問，知王欲圖，甚懷湯火。其兒有舅名波婆梨，在波梨富羅國，為彼國師，聰明高博，智達殊才，五百弟子恒遂諮稟，於時輔相憐愛其子，懼被其害，乃作密計，遣人乘送之與舅。舅見彌勒，睹其色好，加意愛養，敬視在懷。其年漸大，教使學問，一日諮受，勝餘終年，學未經歲，皆通經書。

時波婆梨，見其外甥，學既不久，通達諸書，為作會顯揚其美。

4. 出家

時有天人，從天下來，為波婆梨說佛及僧功德，今在王舍鷲頭山中。

波婆梨聞歎佛德，自思維言：「必當有佛，我書所記，佛星下現，天地大動，當生聖人，今悉有此，似當是也。」即勅彌勒等十六人：「往見瞿曇，看其相好，衆相若備，心念難之：『我師波婆梨，爲有幾相？』如我今者，身有兩相——一、髮紺青，二、廣長舌。若其識之，復更心難：『我師波婆梨，今年幾許？』如我年者——今百二十。若其知之，復更心念：『我師波婆梨，是何種姓？』欲知我種，是婆羅門。若其答識，復更心難：『我師波婆梨，有幾弟子？』如我今者——有五百弟子。若答知數，斯必是佛，汝等必當爲其弟子，即遣一人，語我消息。」

時彌勒等，進趣王舍，近到鷲山，見佛足跡千輻輪相，炳然如畫。即問人言：此是誰跡？有人答言：斯是佛跡。時彌勒等，遂懷慕仰，徘徊跡側，豫欽渴仰！

時有比丘尼刹羅，持一死蟲，著佛跡處，示彌勒等，各共看此：「汝等欽羡歎慕斯跡，躡殺衆生，有何奇哉？」彌勒之等，各共前看，諦觀形相，是自死蟲。即問比丘尼：「汝誰弟子？」比丘尼答言：「是佛弟子。」時彌勒等，各自說言：「佛弟子中，乃有是人！」漸進佛所，遙見世尊，光明顯照，衆相赫然。即數其相，不見其二。佛即爲其出舌覆面，復以神力令見陰藏。見相數滿，益以歡喜！即奉師勑，遙以心難。佛遙具如上答。

於時會者，聞佛所説，生怪如來獨説此語。時諸弟子長跪問佛：「世尊何故而説是言？」

佛告比丘：「有波婆梨在波梨富羅國，遣十六弟子，來至我所，試觀我相，因心念難，是以一一還以答之。」

彌勒等聞佛答難，事事如實，一無差遣，深生敬仰！往至佛所，頭面禮訖，卻坐一面，佛爲説法。十五人得法眼淨，各從座起，求索出家。佛言：善來！鬚髮自墮，法衣在身，尋成沙門，重以方便，爲其説法，其十五人成阿羅漢。

時彌勒等，自共議言：波婆梨師在遠邑遲，宜時遣人還白消息。十六人中時有一人。字賓祈奇，是波婆梨姊子，衆人即遣往白消息。還到本國波婆梨所，具以聞見廣爲説之。（賢愚因緣經）

5. 受金色衣

佛姨母摩訶波闍波提，佛出家後，手自紡織，預作一金色之氎，積心係想唯俟於佛。既得見佛，喜發心髓，即持此氎奉上如來。

佛告憍曇彌：「汝持此氎往衆僧。」時波闍波提重白佛言：「自佛出家，心每思念，故手紡織，規心俟佛，唯願垂愍！爲我受之。」

佛告之曰：「知母專心欲用施我，然恩愛心，福不弘廣，若施衆僧獲報彌多！我知此事，是以相勸。」時波闍波提，心乃開解，即以其衣奉施衆僧，僧中次行，無欲取者，至彌勒前，尋爲受之。

於後，世尊與比丘僧遊波羅奈，轉行化導。爾時彌勒著金色氎衣，身既端正，色紫金容，表裡相稱，威儀庠序，入波羅奈城欲行乞食，到大陌上擎鉢佇立。人民之類，睹其色相圍繞觀看，無有厭足；雖皆欽敬，無能讓食。

有一穿珠師，偶到道宕，見於彌勒，甚懷敬慕。即問：「大德！

為得食未？」答言：「未得。」尋請將歸，辦設飲食；食已，澡漱。為說妙法，言辭高美，聽之無厭！（賢愚因緣經）

6. 說證三昧

彌勒菩薩，即從座起，頂禮佛足，而白佛言：「我憶往昔，經微塵劫，有佛出世，名日月燈明；我從彼佛而得出家，心重世名，好遊族姓。爾時世尊，教我修習唯心識定，入三摩地。歷劫已來，以此三昧，事恒沙佛，求世名心，歇滅無有。至燃燈佛出現於世，我乃得成無上妙圓識心三昧！乃至盡空如來國土，淨穢有無，皆是我心變化所現。世尊！我了如是唯心識故，識性流出無量如來。今得授記，次補佛處。」

佛問圓通：「我以諦觀十方唯識，識心圓明，入圓成實，遠離依他及偏計執，得無生忍；斯為第一！」（大佛頂首楞嚴經）

7. 談一相法

文殊師利謂智上等諸菩薩曰：「云何名爲說一相法門？」

彌勒菩薩曰：「若有不見蘊界處，亦非不見，無所分別，亦不見集散，是名一相法門。」（大寶積經文殊師利授記會）

8. 開示善財

善財童子始於福城受文殊教，漸次南行，至妙意華城門，德生童子有德童女所。……時童子童女自解說已，而告之言：「善男子！於此南方，有國名海岸，有園名大莊嚴，其中有一廣大樓閣，名毗盧遮那莊嚴藏……彌勒菩薩摩訶薩安處其中。爲欲攝受本所生處父母眷屬，及諸人民令成熟故，又欲令彼同受生同修行衆生，於大衆中得堅固故……。」爾時善財童子聞善知識教，潤澤其心，正念思維諸菩薩行，向海岸國，自憶往世不修禮敬，即時發意勤力而行，於毗盧遮那莊嚴藏大樓閣前。五體投地，暫時斂念觀察，以種種讚法而讚其住處。而說頌言：

「此是大悲清淨智，利益世間慈氏尊，灌頂地中佛長子，入如來境之住處。」

爾時善財童子，以如是等一切菩薩無量稱揚讚歎法，而讚毗盧遮那莊嚴大樓閣中諸菩薩已，曲躬合掌，恭敬頂禮，一心願見彌勒菩薩，親近供養。乃見彌勒菩薩摩訶薩從別處來，無量天龍、夜叉、乾闥婆、阿修羅、迦樓羅、緊那羅、摩睺羅伽王釋梵護世，及本生處無量眷屬婆羅衆，及餘無數百千衆生，前後圍繞，而來向莊嚴大樓觀所，善財見已，歡喜踴躍，五體投地。

時彌勒菩薩，觀察善財，指示大衆，歎其功德，而說頌曰：

「汝等觀善財，智慧心清淨！爲求菩提行，而來至我所。」

時彌勒菩薩摩訶薩，在衆會前，稱讚善財大功德藏！善財聞已，歡喜踴躍，身毛皆豎，悲泣哽噎！起立合掌，恭敬瞻仰，繞無量匝。

以文殊師利心念力故，衆華瓔珞種種妙寶，不覺自盈其手；善財歡喜，即以奉散彌勒菩薩摩訶薩。時彌勒菩薩摩善財頂，爲說頌言：

「善哉善哉真佛子！普策諸根無懈倦；不久當具諸功德，猶如文殊及與我。」

時善財童子，以頌答曰：

「我念善知識，億劫難值遇！今得咸親近，而來詣尊所。我以文殊故，見諸難見者！彼大功德尊，願速還瞻覲。」

爾時善財童子，合掌恭敬，重白彌勒菩薩摩訶薩言：「大聖！我已先發阿耨多羅三藐三菩提心，而我未知菩薩行？云何修菩薩道？（中略）如是等事，願皆爲說。」

時彌勒菩薩摩訶薩，觀察一切道場衆會，指示善財而作是言：「諸仁者！汝等見此長者子，今於我所，問菩薩行諸功德不？……此長者子，曩於福城受文殊教，輾轉南行求善知識，經由一百一十善知識已，然後而來至我所，未曾暫起一念疲懈！」

爾時彌勒菩薩摩訶薩，告善財言：「善哉善哉汝爲勤求一切佛法故，發阿耨多羅三藐三菩提心。如汝所問：菩薩云何學菩薩行，修菩薩道？善男子！汝可入此毗盧遮那莊嚴大樓閣中，周遍觀察，則能了知學菩薩行；學已，成就無量功德。」

時善財童子，恭敬右繞彌勒菩薩摩訶薩已，而白之言：「唯願大聖開樓閣門，令我得入。」

時彌勒菩薩前詣樓閣，彈指出聲，其門即開，命善財入，善財心喜，入已還閉。見其樓閣廣博無量，同於虛空。以彌勒菩薩威神之力，自見其身遍在一切諸樓閣中，具見種種不可思議自在境界。

爾時彌勒菩薩摩訶薩，即攝神力，入樓閣中彈指作聲，告善財言：「善男子！起，法性如是；此是菩薩知諸法智，因緣聚集所現之相；如是自性，如幻，如夢，如影，如像，悉不成就。」

爾時善財聞彈指聲，從三昧起。彌勒告言：「善男子！汝住菩薩不可思議自在解脫？」善財白言：「唯然聖者，是善知識加被憶念威神之力。聖者此解脫門，其名何等？」彌勒告言：「此解脫門，名入三世一切境界不忘念智莊嚴藏。」

善財問言：「此莊嚴事何處去耶？」彌勒答言：「於來處去。」曰：「從何處來？」曰：「從菩薩智慧神力中來，依菩薩智慧神力而住；無有去處，亦無住處；非集非常，遠離一切。」善財童子言：「大聖從何處來？」

彌勒言：「善男子！諸菩薩無來無去，如是而來，無行無住，如是而來。善男子！汝問於我：從何處來者？善男子！我從生處摩羅提國而來於此。善男子！彼有聚落，名爲房舍有長者子名瞿波羅，爲化其人，令入佛法，而往於彼；又爲生處一切人民，隨所應化而爲說法；亦爲父母及諸眷屬婆羅門等，演說大乘，令其趣入，故住於彼，而從彼來。善男子！我爲化度與我往昔同修諸行今時退失菩提心者；亦爲教化父母親屬，亦爲教化父諸婆羅門，令其離於種族憍慢，得生如來種姓之中，而生於閻浮提界摩羅提國，拘吒聚落婆羅門家。於此命終，生兜率天。善男子！我願滿足，成一切智，得菩提時，汝及文殊俱得見我。善男子！汝應往詣文殊之所，莫生疲厭，文殊師利當爲汝說一切功德。何以故？汝先所見諸善知識，聞菩薩行，入解脫門，滿足大願，皆文殊威神之力；文殊於一切處，咸得究竟。」

時善財童子頂禮其足，繞無量匝，殷勤瞻仰辭退而去。（華嚴入法界品）

9.受記作佛

佛告諸比丘：「將來之世，此閻浮提，土地方正平坦廣博，無有山川，地生軟草，猶如天衣。爾時人壽八萬四千歲，人性仁和，具修十善。彼時當有轉輪聖王，名曰勝伽。（華言貝也）時婆羅門家，生一男兒，字曰彌勒，身紫金色，三十二相，衆好畢滿，光明殊赫；出家學道，成最正覺，廣爲衆生轉尊法輪，三會說法，得蒙度者，悉我遺法種福衆生，或三寶中興供養者，出家在家持齋戒者，燒香燃燈禮拜之者，皆得在彼三會之中；三會度我遺殘衆生，然後乃化同緣之徒。」

於時彌勒，聞説此語，從座而起，長跪白佛言：「願作彼彌勒世尊。」佛告之曰：「如汝所言，汝當生彼，爲彌勒如來，如上教化，悉是汝也。」

於時會中，有一比丘名阿侍多，長跪白佛：「我願作轉輪之王。」佛告之曰：「汝但長夜貪樂生死，不窺出耶？」

10.佛名彌勒緣起

在會一切大衆，見佛世尊授彌勒記：「當來成佛，猶字彌勒。」各皆有疑，欲知本末。

尊者阿難，即起白佛：「彌勒成佛，復字彌勒，不審從何造起名字？」

佛告阿難：「諦聽著意！過去無量阿僧祇劫，此閻浮提，有一大國，王名曇摩留支，領閻浮提八萬四千國，六萬山川，八十億聚落，二萬夫人綵女，一萬大臣。有一小國豐樂，是中國王名波塞奇。時弗沙佛，初出於世，在此國中化導衆生。時曇摩留支，即與羣臣，往至佛所。是時如來，大衆圍繞各悉靜默，端坐入定。有一比丘，入慈三昧，放金色光明，如大火聚。曇摩留支遙見世尊，光明顯赫，明曜踰日，大衆圍繞，如星中月；爲佛作禮，問訊如法。見有比丘光明特顯，即白世尊：『此一比丘入何等定？光曜乃爾！』佛告大王：『此比丘者，入慈等定。』王聞是語，倍增欽仰。言：『此慈定，巍巍乃爾！我會當習此慈三昧。』作是願已，志慕慈定，意甚柔軟，更無害心。即時請佛及比丘僧：『唯願迴神，往到大國。』佛即許可，剋日當往。如是阿難！爾時大王曇摩留支者，今彌勒是，始於彼世，發此慈心，自此以來，常字彌勒。」（華嚴經入法界品：「或見彌勒最初證得慈心三昧，從早已來，號爲慈氏。」慈氏梵語彌勒，此則正說彌勒前身爲爲曇摩留支，初證慈三昧也！）

11. 本願

彌勒菩薩求道本願：「使得作佛時，令我國中人民無有諸垢瑕穢，於淫怒痴不大，慇勤奉行十善，我爾乃取無上正覺！」

佛語阿難：「後當來世，人民無有垢穢，奉行十善，於淫怒痴不以經心，正於爾時，彌勒當得無上正真之道，成最正覺；所以者何？彌勒本願所致。」（彌勒菩薩所問本願經）

12. 寶藏佛為授記

往昔過恒沙阿僧祇劫，有世界名刪提嵐，劫名善持，時世有轉輪聖王，名曰無諍念，王有大臣名曰寶海，是梵志種。時生一子，有三十二相，八十種好，常光一尋，生時有百千諸天來共供養，因爲作字曰寶藏；其後出家剃除鬚髮，成菩提道，還號寶藏如來。

爾時寶海梵志，有三億弟子在園門外，一處而坐，教餘衆生受三歸依，今發阿耨多羅三藐三菩提心者。

時梵志勸諸弟子，作如是言：「汝等今者，應發阿耨多羅三藐三菩提心，取佛世界，今於佛前，如心所求，便可說之。」是三億人中，有一人名曰毗舍耶無垢，是彼梵志第四摩納。梵志告言：「善男子，汝今可發阿耨多羅三藐三菩提心！」

爾時毗舍耶無垢在佛前住，白言：「世尊！我願於此世界賢劫中，求阿耨多羅三藐三菩提，非於五濁惡世之中，如迦葉佛所有國土。迦葉如來般涅槃後，正法滅已，人壽轉少至十千歲，所有布施、調伏、持戒，悉皆滅盡，是諸衆生善心轉滅，遠離七財，於惡知識起世尊想，於三福事無求學心，離三善行，勤行三惡，以諸煩惱覆智慧心，令無所見，於三乘法，不欲修學。是衆生中，若我欲成阿耨多羅三藐三菩提，尚無有人能作遮礙，何況人壽一千歲也；乃至人壽百歲，是時衆生，乃至無有善法名字，何況有行善根之者。五濁惡世，人民壽命稍稍滅少，乃至十歲，刀兵劫後起，我於爾時，當從天來擁護衆生，爲說善法，令離不善法；乃而安住十善法中，離於十惡煩惱諸結，悉令清淨。滅五濁世，衆生乃至壽八萬歲，爾時我當成阿耨多羅三藐三菩提，是時衆生少於貪淫瞋恚愚痴無明慳吝嫉妒，我於爾時爲諸衆生說三乘法，安得安住。世尊！若我所願成就得己利者，唯願如來授我阿耨多羅三藐三菩提記，世尊！若我不得如是授記，我於今者，當求聲聞；或求緣覺，如其乘力，疾得解脫，度於生死。」

時寶藏佛，爲其說法已，即授記未來之世，過一恒河沙等阿僧祇劫，入第二恒河沙等阿僧祇劫，後分初，入賢劫，五濁滅已，壽命增益至八萬歲，汝於是中，成阿耨多羅三藐三菩提，號曰彌勒如來，應正遍知、明行足、善逝、世間解、無上士、調御丈夫、天人師、佛、世尊。（悲華經第五卷諸菩薩本授記品）

13. 為賢行長者子得忍

乃往過世，千無央數劫，爾時有佛，號炎光具響作王如來，無所著，等正覺。時有梵志長者子，名曰賢行，從園觀山，遙見如來經行，身色光明，無央數變。見已心念：「甚善未曾有也！如來之身不可思議，巍巍如是；光明妙好，威神照照，吉祥之德，以爲裝飾。願令我後當來之世，得身具足，如是光色，威神照照，吉祥之德，而自裝飾。」作是願已，便身伏地。心念言：「審我當來之世得法身，若如來無所著等正覺者，如來當過我身上。」

於時世尊炎光具響作王如來，知賢行長者子梵志心之所念，便過其身上；過越其上已，便得無生法忍。

佛告阿難：「欲知爾時賢行者，今彌勒菩薩。」（彌勒菩薩所問本願經）

14. 千佛數中之第五

「過去久遠世時，無央數劫不思議，爾時有佛名無量勳寶錦淨王，出現於世，世界名曰莊嚴，劫名善見；其佛國土有威德，人民熾盛，皆得安穩。有大城名曰清淨，時有轉輪王名曰勇郡，七寶千子具足，領四天下。」

「爾時其佛遊在清淨大國，其王勇郡供養如來；具足億歲；其王諸子志性安和，無放逸行，常以至心供養如來，聽受經典，不樂愛欲戲笑邪業；以無放逸，聽受經典，不以生心，不久即得五神通。」

「爾時轉輪聖王供養世尊畢，還歸其宮，獨處宴坐於清淨高閣交露，自心念言：『是吾諸子，皆發無上正真道意！今當試之，何所太子，先當逮致無上正真之道，爲最正覺者？』便勅工師作七寶瓶，使諸千子各各疏名，作七寶籌，著瓶中，供養七日。」

「時轉輪王過七日後，取七寶瓶，在中宮夫人綵女諸太子衆前，舉著紫金案上，吏人舉瓶，令諸太子，各各探籌。有太子名曰淨意，得第一籌；適得此籌，於時三千大千國土，六返震動，中宮夫人綵女一切伎樂，不鼓自鳴。彼時淨意太子，豈異人乎？莫作異觀，則拘留孫如來是也。次有太子名離名聞兵，則拘那含牟尼佛是也；次有太子名寂根，則迦葉如來是也；次有太子名一切苦利，則吾身是也（本師釋迦如來自指）；次有太子名雨室，則彌勒如來是也。……（中略）……有太子名意無量，得最後籌，是王太子，當在最後成，號曰樓由。」

佛告寂意：「欲知爾時勇郡轉輪聖王乎？即過去定光如來是也。其時諸子，此賢劫中千佛與者是也；從拘留孫爲始作佛，至樓由竟千佛也。」（大寶積經卷九密跡金剛力士會）

（附：千佛因緣維摩詰所說經，彌勒以爲寶蓋王千子之一。賢劫經歎古品，以爲德華王之千子。又：法供養品，以爲無憂悅音王之千子。如來智印經，以爲慧起王之千子。千佛因緣經，以爲光德王之千子。千眼千臂觀世音菩薩陀羅尼經，千手千眼觀世音菩薩姥陀羅尼身經，皆以爲千手觀音之化身。其千佛之名，詳於賢劫經及現在劫千佛經。千佛因緣諸經異說如是。）

15.往因供佛

慈氏如來，本宿命時，作轉輪聖王，見佛名逮無極，因發道心，請佛聖衆，供以甘膳，貢上光寶，以施一切。

所在仁慈，愍諸不逮。周旋生死，如恒沙劫，不以爲劬。自致至佛，度脫一切：值其上壽人命八萬四千歲。（賢劫經千佛發意品）

16.當來成佛親屬法眷

慈氏如來，所生土地，城名妙意，王者所處；其佛威光照四十里，梵志種，父名梵平，母字梵經，子曰德力，侍者海氏，智慧上首弟子號慧光，神足曰堅精進。

佛在世時，人壽八萬四千歲。一會說經，九十六億；二會九十四億；三會九十二億，皆阿羅漢。舍利並合，共興一大寺；正法存立八萬歲。（賢劫經千佛興立品）

17.善權得道

佛語賢者阿難：「彌勒菩薩本求道時，不持耳鼻頭目手足身命珠寶城邑妻子，及與國土，布施與人，以成佛道；但以善權方便安樂之行，得致無上正真之道。」

阿難白佛：「彌勒菩薩以何善權得佛道？」佛言：阿難！彌勒菩薩晝夜各三正衣束體，下膝著地，向於十方，說此偈言：

我悔一切過！勸助衆道法；歸命禮諸佛，令得無上慧。

佛語賢者阿難：「彌勒菩薩以是善權，得無上正真之道，最正覺。」（彌勒菩薩所問本願經）

18.摩頂付法

爾時摩訶迦葉白佛言：「世尊！若以法寶付諸菩薩，無量千億那由他劫，終無散壞，利益無量無邊衆生，不斷佛種，不斷法輪，僧寶具足。世尊！如是之事，我不能持，唯有菩薩乃能堪受。世尊！此彌勒菩薩摩訶薩，於當來世，當證阿耨多羅三藐三菩提。世尊！譬如國王第一太子，灌頂受位，當爲王事，如法治世，王諸羣臣，悉皆朝宗：彌勒菩薩摩訶薩，亦復如是，法治王位，守護正法。」

爾時世尊讚摩訶迦葉：「善哉！善哉！如汝所說。」爾時世尊即伸右手，猶金色微妙光明，無量阿僧祇劫善根所集；其指掌色猶如蓮華。以摩彌勒菩薩摩訶薩頂，作如是言：「彌勒，我付囑汝，當來末世，後五百歲，正法滅時，汝當守護佛法僧寶，莫令斷絕！」爾時如來伸出金色手，摩彌勒菩薩頂時，於此三千大千世界，六種震動，光明遍滿。

爾時地天及虛空天，上至阿迦膩吒天，悉皆合掌白彌勒菩薩摩訶薩言：「如來以法付囑聖者，惟願聖者爲利一切諸天人故，受此正法！」

爾時彌勒菩薩，從座而起，偏袒右肩，右膝著地，合掌恭敬白佛言：「世尊！我爲利益一一衆生，尚受無量億劫之苦；況復如來付我正法，而當不受？世尊！我今受持於當來世，演說如來無量阿僧祇劫，所集阿耨多羅三藐三菩提。」

時世尊讚彌勒菩薩摩訶薩言：「善哉！善哉！如汝今日，至於我前，作師子吼，受持守護如來正法。」（大寶積經八十八摩訶迦葉會）

19.彌勒上生

爾時世尊，以一音聲，說百億陀羅尼門；說此陀羅尼已，時會中有一菩薩，名曰彌勒，聞佛所說，應時即得百萬億陀羅尼門；即從座起，整衣服，叉手合掌，住立佛前。

爾時優波離，亦從座起，頭面作禮，而白佛言：「世尊！往昔於毗尼中，及諸經藏，說阿逸多，次當作佛。此阿逸多，具凡夫身，未斷諸漏，此人命終，當生何處？其人今者，雖復出家，不修禪定，不斷煩惱，佛記此人，成佛無疑，此人命終，生何國土？」

佛告優波離：「諦聽諦聽，善思念之！如來應正遍知，說彌勒菩薩摩訶薩阿耨多羅三藐三菩提記；此人從今十二年後命終，必得往生兜率天上。（中略）二月十五日，於波羅奈國，劫波利村，波婆利大婆羅門家，本所生處，結跏趺坐，如入滅定。身紫金色，光明豔赫，如百千日，上至兜率陀天。其身舍利，如鑄金像，不動不搖；身圓光中，有首楞嚴三昧，般若波羅蜜，字義炳然。時諸天人尋即爲起衆寶妙塔，供養舍利。時兜率陀天，七寶台內，摩尼殿上，師子床坐，忽然化生；於蓮華上結跏趺坐，身如閻浮檀金色；長十六由旬，三十二相，八十種好，皆悉具足；頂上肉髻，髮紺琉璃色，釋迦毗楞伽摩尼，百千萬億甄叔迦寶以嚴天冠。……閻浮提歲數五十六億萬歲，爾乃下生於閻浮提，如彌勒下生經說。」

佛告優波難：「是名於閻浮提沒，生兜率陀天因緣。」（彌勒上生經，此段所說本所生處，與賢愚經略同；較之華嚴所說，大不相同，未諗孰是。）

20. 迦葉入定待彌勒世授衣

迦葉尊者，結集既畢，而說法度人亦無量矣！自念衰老，宜入定於雞足山，以待彌勒。復以夙約，必別阿闍世王。及至其門，會王方寢，因謂閽者曰：「摩訶迦葉，將入定於雞足山，故來相別，王起，奏之。」遂以周孝王之世，窅然入其山，席草而坐。自念：「今我被糞掃服，持佛僧伽黎，必經五十七俱胝六十百千歲，至於彌勒出世，終不致壞。」乃語山曰：「若阿闍王與阿難偕來，汝當為開已復合。」

於是，寂然乃入滅盡定。時也，大地爲之動，而阿闍世王亦夢其殿梁忽折，及覺，而司門者，果以尊者之語奏。王聞泣下，爲之歎息！即詣竹林精舍拜阿難，命之同往。逮至雞足山，而其山闢，尊者定體，儼然在其間。王且哀且禮，命取香薪欲爲焚之。

阿難謂王曰：「未可燔也，此大迦葉，方以禪定持身而俟彌勒下生，授佛僧伽梨，乃般涅槃。」王聞此，而敬之益勤。及至與阿難引去，而其山合如故。（雞足山志卷一）

21.降現人間說法

佛滅九百年中，北印度犍陀羅國有無著菩薩降生其地，後入佛教，深明大乘教義，位登地上；其在印度弘宣教理，頗極一時之盛；其阿夷陀國之國王，亦極欽佩，遂以其都城之西隅一地，賂之爲其講舍。遂請兜率內院彌勒菩薩降現人間，於國王施之講舍內，說五部論；其中最弘大者，則爲此論（瑜伽師地論）。當時彌勒說此大論

時，無著以筆記之。（太虛大師瑜伽真實義品講要。此品及瑜伽菩薩戒本與觀彌勒上生兜率經世稱爲慈宗三要）

22. 應身善慧大士

善慧大士者，婺州義烏縣人也。齊建武四年丁丑，五月八日，降於雙林鄉傅宣慈家，本名翕。梁天監十一年，年十六，納劉氏女，名妙光，生普建、普成二子。與里人稽亭浦捕魚，獲已，沈籠水中，視曰：「去者適，止者留」，人或謂之愚。

會有天竺僧達摩（時謂嵩頭陀）曰：「我與汝，毗婆尸佛所發誓，今兜率宮衣鉢見在，何時當還？」因命臨水觀其影，見大士圓光寶蓋。大士笑之曰：「鑪鞴之所多鈍鐵，良醫門足病人；度生爲急，何思彼樂乎？」嵩指松山頂曰：「此可棲矣！」大士躬耕而居之，乃説一偈曰：「空手把鋤頭，步行騎水牛；人從橋上過，橋流水不流。」

有人盜菽麥瓜果，大士即與籃籠盛去。日常傭作，夜則行道，見釋迦、金粟、定光三如來，放光襲其體，大士乃曰：「我得首楞嚴定，當捨田宅，設無遮大會。」大通二年，唱賣妻子，獲錢五萬，以營法會。

時有慧集法師，聞法悟解，言：「我師彌勒應身也」。大士恐惑衆，遂呵之。

六年，正月二十八日，遣弟子傳暀，致書於梁高祖。書曰：「雙林樹下，當來解脫善慧大士白國主救世菩薩：今欲條上中下善，希能受持！其上善：略以虛懷爲本，不著爲宗；亡相爲因，涅槃爲果。其中善：略以治身爲本，治國爲宗；天上人間果報安樂。其下善：略以護養諸生，勝殘去殺，普令百姓俱稟六齋。今聖皇帝崇法，欲伸論議，未遂襟懷，故遣弟子傳暀告白。」暀投大樂令何昌。昌曰：「慧約國師，猶復置啓。翁是國民，又非長老，殊不謙卑，豈敢呈達？」暀燒手御路，昌乃馳往同泰寺詢皓法師，皓勸速呈。二月二十二日進書，帝覽之，遽遣詔迎。既至，帝問：「從來師事誰耶？」曰：「從無所從，來無所來，師事亦爾。」昭明問：「大士！何不論議？」曰：「菩薩所說：非長非短，非廣非狹，非有邊，非無邊，如如正理，復有何言？」帝又問：「何爲真諦？」曰：「息而不滅。」帝曰：「若息而不滅，此則有色，有色故鈍，若如是者，居士不免流俗。」曰：「臨財無苟得，臨難無苟免。」帝曰：「居士大識禮。」曰：「大千世界所有色象，莫不歸空；百川叢注，不過於海；無量妙法，不出真如。如來何故，於三界九十六道中，獨超其最？視一切衆生，有若赤子，有若自身；天下非道不安，非理不樂。」帝默然，大士辭退。

異日，帝於壽光殿請誌公講金剛經。誌公曰：「大士能耳！」帝請大士，大士登座執拍板，唱經成四十九頌。

大同五年，奏捨宅於松山下，因雙檮樹而創寺，名曰雙林；其樹連理，祥煙周繞，有雙鶴棲止。

太清二年，大士誓不食，取佛生日，焚身供養。至日，白黑六十餘人，代不食燒身，三百人刺心瀝血和香，請大士住世！大士愍而從之。

承聖三年，復捨家資，爲衆生供養三寶；而說偈曰：「傾捨爲羣品，奉供天中天；仰祈甘露雨，流注普無邊！」

天嘉二年，大士於松山頂，遶連理樹行道，感七佛相隨，釋迦引前，維摩接後，唯釋尊數顧共語：「爲我補處也！」其山忽起黃雲，盤旋若蓋，因號黃雲山。

時有慧和法師不疾而終，嵩頭陀於柯山靈巖寺入滅，大士懸知曰：「嵩公兜率待我，絕不可久留也！」時四側華木，方當秀實，驟然枯悴。

陳太建元年己丑，四月二十五日，示衆曰：「此身甚可厭惡！衆苦所集，須慎三業，精勤六度；若墮地獄，卒難得解脫，常須懺悔。」又曰：「吾去已，不得移寢，將七日，有法猛上人持像及鐘，來鎮於此。」弟子問：「滅後，形體若爲？」曰：「山頂焚之。」又問：「不遂何如？」曰：「慎勿棺斂；但壘甓作壇，移戶於上屏風；周繞絳紗覆之上，建浮圖以彌勒像處其下。」又問：「諸佛涅槃時，皆說功德；師之發跡，可得聞乎？」曰：「我從第四天來，爲度汝等；次補釋迦。及傳普敏——文殊，慧集——觀音，何昌——阿難，同來贊助故。大品經云：『有菩薩從兜率來，諸根猛利，與般若相應，即吾身是也。』」言訖，趺坐而終，壽七十有三。

尋猛師將到織成彌勒像及九乳鐘，留鎮之，須臾不見。

大士道具十餘事，見在晉天福九年甲辰，六月十七日，錢王遣使發塔，取靈骨一十六片紫金色及道具，至府城南龍山，建龍華寺置之，乃以靈骨塑其像。（景德傳燈錄二七）

23.化身布袋和尚

明州奉化縣布袋和尚者，未詳氏族，自稱名契此。形裁肥胖，蹙額皤腹，出語無定，寢臥隨處。常以杖荷一布囊，凡供身之具，盡貯囊中。入廛肆聚落見物則乞，或醯醢魚菹，才接入口，分少許投囊中。時號長汀子，布袋師也。嘗雪中臥，雪不沾身，人以此奇之。或就人乞，其貨則售。示人吉凶，必應期無惑。天將雨，即著濕草履，途中驟行。遇亢陽，即曳高齒木屐，市橋上豎膝而眠，居民以此驗知。

有一僧在師前行，師乃捬僧背一下，僧迴頭，師曰：「乞我一文錢。」曰：「道得，即與汝一文。」師放下布囊，叉手而立。白鹿和尚問：「如何是布袋？」師便放下布袋。又問：「如何是布袋下事？」師負之而去。

先保福和尚問：「如何是佛法大意？」師放下布袋，叉手。保福曰：「爲只如此？爲更有向上事？」師負之而去。

師在街衢立，有僧問：「和尚！在這裡做什麼？」師曰：「等個人。」曰：「來也！來也！」師曰：「汝不是這個人。」曰：「如何是這個人？」師曰：「乞我一文錢。」

師有歌曰：「只個心——心心是佛，十方世界最靈物！縱橫妙用可憐生，一心不如心真實。騰騰自在無所爲，閒閒究竟出家兒；能睹目前真大道，不見纖毫也大奇！萬法何殊心何異！何勞更用尋經義？心王本自絕多知，知者只明無學地。非凡非聖復若乎？不强分別聖情孤；無價心珠本圓淨，凡是異相妄空呼！人能弘道道分別，無量清高稱道情；攜錫若登故國路，莫愁諸處不聞聲！」又有偈曰：「一缽千家飯，孤身萬里遊；青目睹人少，問路白雲頭。」

梁貞明三年丙子三月，師將示滅於嶽林寺東廊下，端坐盤石而說偈曰：「彌勒真彌勒，分身千百億；時時示於人，時人自不識！」偈畢，安然而化。

其後他州，有人見師亦負布袋而行，於是四衆競圖其像。今嶽林壽大殿東堂，全身現存。（景德傳燈錄二七卷）

24. 彌勒當來佛土

四大海水面各減少三千由旬，時閻浮提地縱廣正等十千由旬，其地平淨如琉璃鏡。……叢林樹華甘果美好，極大茂盛，過於帝釋歡喜之國。城邑次比，雞飛相及，皆由今佛（釋尊）種大善根，行慈心報，俱生彼國。智慧威德，五欲衆具，快樂安隱。亦無寒熱風火等疾，無九惱苦，壽命具足八萬四千歲，無有中夭。人身悉長一十六丈，日日常受極妙安樂，遊深禪定，以爲樂器。唯有三病：一者飲食，二者便利，三者衰老。女人年五百歲，爾乃行嫁。有一大城名翅頭末，縱廣一千二百由旬，高七由旬，七寶莊嚴，自然化生七寶樓閣。……有大龍王名多羅尸棄，常於夜半化作人像，以吉祥瓶盛香色水，灑淹塵土，其地潤澤，譬若油塗，行人往來，無有塵坌。巷陌處處有明珠柱，高十二里，光踰於日，四方各照八十由旬，純黃金色；其光照曜，晝夜無異；燈燭之明，猶若聚墨。香風時來，吹明珠柱，雨寶瓔珞，衆人皆用服者，自然如三禪樂……。有大夜叉神，名跋陀婆羅賒塞迦（秦言善教），晝夜擁護翅頭末城及諸人民，灑掃清淨，設有便利，地裂受之，受已還合，生赤蓮華以蔽穢氣。

時世人民，若年衰老，自然行詣山林樹下，安樂淡泊念佛取盡，命終多生大梵天上及諸佛前。

其土安隱，無有怨賊劫竊之患。城邑聚落無閉門者，亦無衰惱水火刀兵，及諸饑饉毒害之難。人常慈心恭敬和順，調伏諸根，語言謙遜，皆由彌勒慈心訓導，持不殺戒，不啖肉故。以此因緣生彼國者，諸根恬靜面貌端正，威相具足，如天童子。

復有八萬四千衆寶小城以爲眷屬，翅頭末城最處其中。雨七寶華，彌布其地。……浴池泉河流注，自然而有八功德水。……（衆鳥）出妙音聲，遊集林池。……有如意果樹香美無比，普熏一切。雨澤隨時，天園成熟香美稻種，天神力故，一種七穫，用功甚少，所收甚多，穀稼滋茂，無有草穢；衆生福德本事果報，入口消化，百味具足，氣力充實。

其國爾時轉輪聖王，名曰穰佉，不以威武治四天下，具三十二大人相好，王有千子，勇猛端正，怨敵自伏。有四大寶藏，一一大藏，各有四億小藏圍繞。伊鉢多大藏在乾陀羅國，般軸迦大藏在彌提羅國，賓伽羅大藏在須羅吒國，穰佉大藏在波羅奈國古仙山處。此四大藏，有四大龍各自守護。是時衆人見之，心不貪著，棄之於地，猶如瓦石，心生厭離，各各相謂言：往昔衆生爲此寶故，共相殘害，偷劫欺誑妄語，令生死罪展轉增長，墮大地獄。（節什譯彌勒成佛經）

爾時閻浮地內，自然生粳米，無皮香美，食無患苦。（法護譯觀彌勒菩薩下生經）諸樹生衣服，衆綵共莊嚴。（義淨譯佛說彌勒下生成佛經）土地豐熟；人民熾盛。（法護譯本）

25.彌勒下生

時城中有大婆羅門主，名修梵摩，妻名梵摩跋提，心性和柔。彌勒託生以爲父母，雖處胞胎，如遊大宮。（什譯彌勒成佛經）

既懷此大聖，滿足於十月，於是慈尊母，往趣妙花園，至彼妙園中，

不坐亦不臥，徐立攀花樹，俄誕勝慈尊。爾時最勝尊，出母右脅已，

如日出雲翳，普放大光明，不染觸胞胎，如蓮華出水，光流三界內，

咸仰大慈輝。當爾降生時，千眼帝釋主，躬自擎菩薩，欣逢兩足尊！

菩薩於此時，自然行七步，而於足履處，皆出寶蓮華。遍觀於十方，

告諸天人衆：「我此身最後，無生證涅槃！」龍降清涼水，澡沐大悲身，

天散殊妙花，虛空遍飄灑。諸天持白蓋，掩庇大慈尊，各生希有心，

守護於菩薩。襁母擎菩薩，三十二相身，具足諸光明，捧持授於母。

御者進雕輦，皆用寶莊嚴，母子昇其中，諸天共持與。千種妙音樂，

引導而還宮，慈氏入都城，天華如雨落。慈尊降誕日，懷妊諸綵女，

普得身安隱，皆生智慧男。善淨慈尊父，睹子奇妙容，具三十二相，

心生大歡喜！父依占察法，知子有二相，處俗作輪王，出家成正覺。

（佛說彌勒下生成佛經偈）

時兜率諸天，各各唱令：彌勒菩薩已降神生。是修梵摩，即與其子立字名彌勒。

26. 身長明藝

菩薩既成立……金色光明朗，支體悉圓滿。身長八十肘（三十二丈），二十肘肩量，面廣肩量半，滿月相端嚴！

菩薩明衆藝，善教授學者，請業童蒙等，八萬四千人。（彌勒下生成佛經）

27. 出家成佛

爾時彌勒諦觀世間五慾過患，衆生受苦，沉没長流，在大生死，其可憐愍！自以如是正念觀察苦空無常，不樂在家，厭家迫窄，猶如牢獄。

時穰佉王，共諸大臣國土人民，持七寶臺，有千寶帳，及千寶軒，千億寶鈴，千億寶幡，寶器千口，寶甕千口，奉上彌勒。彌勒受已，施諸婆羅門。婆羅門受已，即便毀壞，各共分之。諸婆羅門觀見彌勒能作大施，生奇特心！

彌勒菩薩見此寶臺須臾無常，知有爲法皆悉磨滅！修無常想，讚過去佛清涼甘露無常之偈：

諸行無常，是生滅法；生滅滅已，寂滅爲樂！

說此偈已，出家學道……。與八萬四千婆羅門，俱詣（金剛莊嚴）道場。彌勒即自剃髮，出家學道。以四月八日（日子從彌勒來時經增入），早起出家。即於是日初夜降四種魔（於明星出時），成阿耨多羅三藐三菩提。即說偈言：

久念衆生苦，欲拔無由脫，今者證菩提，豁然無所礙，

亦達衆生空，本性相如實，永更無憂苦，慈悲亦無緣。

亦爲救汝等，國城及頭目，妻子與手足，施人無有數。

今始得解脫，無上大寂滅；當爲汝等說，廣開甘露道。
如是大果報，皆從施戒慧；六種大忍生，亦從大慈悲，
無染功德得！
說此偈已，默然而住。（什譯彌勒成佛經）

28.梵天勸請

爾時釋提桓因，護世天王，大梵天王，無數天子，於華林園頭面禮足，合掌勸請轉於法輪。
時彌勒佛，默然受請。告梵王言：「我於長夜受大苦惱，修行六度，始於今日法海滿足。建法幢，擊法鼓，吹法螺，雨法雨，正爾當爲汝等說法。諸佛所轉八聖道輪，諸天世人無能轉者，其義平等，直至無上無爲寂滅，爲諸衆生斷長夜苦，此法甚深難得難入難信難解，一切世間無能知者無能見者，洗除心垢，得萬梵行。」說是語時，復有他方無數百千萬億天子天女、大梵天王，乘天宮殿，持天華香，奉

獻如來，遶百千匝，五體投地，合掌勸請。諸天伎樂不鼓自鳴。時諸梵王，異口同音而說偈言：

無量無數歲，空過無有佛，衆生墮惡道，世間眼目滅，
三惡道增廣，諸天路永絕！今日佛興世，三惡道殄滅，
增長天人衆，願開甘露門，令衆心無著，疾疾得涅槃！
我等諸梵王，聞佛出世間，今者得值遇，無上大法王，
梵天宮殿盛，身光亦明顯，普爲十方衆，勸請大導師，
唯願開甘露，轉無上法輪！

說此偈已，頭面作禮，復更合掌，慇懃三請：「唯願世尊！轉於甚深微妙法輪，爲拔衆生苦惱根本，遠離三毒，破四惡道不善之業。」

爾時世尊，爲諸梵王，即便微笑，出五色光，默然許之。（彌勒成佛經）

29.輪王出家

爾時大衆，皆作是念：「設復千萬億歲受五欲樂，不能得免三惡道苦，妻子財產所不能救，世間無常，命難久保！我等今者，於佛法中淨修梵行。」作是念已。復更念言：「設受五欲，經無數劫，如無想天壽，無量億歲與諸綵女共相娛樂，受細滑觸，會歸磨滅，墮三惡道，受無量苦，所樂無幾，猶如幻化，蓋不足言，入地獄時，大火焖熔然，百千萬劫受無量苦，求脫叵得，如此長夜苦厄難拔，今日遇佛，宜勤精進！」時穰佉王，高聲唱言：

設復生天樂，會亦歸磨滅！不久墮地獄，猶如猛火聚。

我等宜時速，出家學佛道！

說是偈已，時穰佉王與八萬四千大臣，恭敬圍遶，及四天王，送轉輪王至華林園龍華樹下，詣彌勒佛求索出家，爲佛作禮，未舉頭頃，鬚髮自落，袈裟著體，便成沙門。

30. 入城轉法

時彌勒佛共穰佉王，與八萬四千大臣諸比丘等，並無數天龍八部，入翅頭末城。足蹋門閫，六種震動，閻浮提地化為金色；大城中央，其地金剛，有過去諸佛所坐金剛寶坐，自然湧出，天於空中雨大寶華，龍王作衆伎樂，用供養佛。佛於此座轉正法輪：謂是苦、苦聖諦；謂是集、集聖諦；謂是滅、滅聖諦；謂是道、道聖諦。並為演說三十七品助菩提法，亦為宣說十二因緣……。

爾時大地六種震動，如此音聲聞於三千大千世界，復過是數，無量無邊。……時四天王各各將領，無數鬼神高聲唱言：「佛日出世，降注甘露！世間眼目今者始開，普令天地一切八部，於佛有緣皆得聞知。」

31. 萬眾出家

復有八萬四千諸婆羅門聰明大智，於佛法中亦隨大王出家學道；復有長者名須達那，今須達長者是，亦與八萬四千人俱共出家；復有利師達多富蘭那兄弟，亦與八萬四千人俱共出家；復有二大臣，一名梵壇朱利，二名須曼那，王所愛重，亦八萬四千人俱，於佛法中出家學道；轉輪王寶女，名舍彌婆帝，今之毗舍佉母是也，八萬四千綵女俱共出家；穰佉王太子，名天金色，今提婆那長者子是，亦與八萬四千人俱共出家；彌勒佛親族婆羅門子，名須摩提，利根智慧，今鬱多羅善賢比丘尼子是，亦與八萬四千俱，於佛法中俱共出家；穰佉王千子，唯留一人用嗣王位，餘九百九十九人，亦於佛法中俱共出家。主藏臣長者，其名曰善財，並與千眷屬，亦來求出家。（主藏出家句從義淨譯本增入）如是等無量億衆，見世苦惱，五陰熾然，皆於彌勒佛法中俱共出家。（彌勒成佛經）

32. 釋尊法中善種來生

爾時彌勒佛，以大慈心，語大衆言：「汝等今者，不以生天樂故，亦復不爲今世樂故，來至我所，但爲涅槃常樂因緣！是諸人等，皆於佛法中種諸善根。釋迦牟尼佛出五濁世，種種訶責，爲汝說法，無奈汝何！教植來緣，令得見我。我今攝受，是諸人等。或以讀誦分別決定修多羅、毗尼、阿毗曇，爲他演說讚歎義味，不生嫉妒，教於他人令得受持，修諸功德，來生我所，或以衣食施人、持戒、智慧，修此功德，來生我所，或以伎樂幡蓋，華香燈明，供養於佛，修此功德，來生我所；或爲苦惱衆生深生慈悲，以身代受，令其得樂，修此功德，來生我所；或以持戒忍辱，修淨慈心，以此功德，來生我所；或造僧祇四方無礙齋講設會，供養飯食，修此功德來生我所；或以持戒多聞，修行禪定無漏智慧，以此功德，來生我所；或有起塔供養舍利念佛法身，以此功德，來生我所；或有厄困貧窮孤獨，繫屬於他，王法所加，臨當刑戮，作八難業，受大苦惱，救濟彼等，令得解脫，修此功德，來生我所；或有恩愛別離，朋黨諍訟，極大苦惱，以方便力，令得和合，修此功德，來生我所。或於釋迦文佛所，奉持其法，來至我所；或得於釋迦文佛所，供養三寶，來至我所；或於釋迦文佛所，彈指之頃，修於善本，來至此間；或於釋迦文佛所，行四等心，來至此者；或於釋迦文佛所，受持五戒三自歸法，來至我所；或於釋迦文佛所，補治故寺，來至我所；或復於彼，聞法悲泣墮淚，來至我所；或復盡形壽，善持禁戒，來至我所，或復盡形壽，善持梵行，來至我所。」（觀彌勒下生經補入）說是語已，稱讚釋迦牟尼佛：「善哉善哉！能於五濁惡世，教化如是百千萬億諸惡衆生，令修善本，來生我所。」時彌勒佛，如是三稱讚釋迦牟尼佛，而說偈言：

忍辱勇猛大導師！能於五濁不善世，教化成熟惡衆生，令彼修行得見佛。

荷負衆生受大苦，令人常樂無爲處，教彼弟子來我所。我今爲

汝說四諦，
亦說三十七菩提，莊嚴涅槃十二緣；汝等宜當觀無爲，入於空寂本無處！

說此偈已，復更讚歎彼時衆生，於苦惡世，能爲難事，貪瞋痴惑短命人中，能修持戒作諸功德，甚爲希有！

33. 讚歎釋尊

「善哉善哉！釋迦牟尼佛，以大方便深厚慈悲，能於苦惱衆生之中，和顏美色，善巧智慧，說誠實語，示我當來度脫汝等！如是導師明利智慧，世間希有，甚爲難遇！深心憐愍惡世衆生，爲拔苦惱，令得安樂，入第一義甚深法性。釋迦牟尼佛三阿僧劫，爲汝等故，修難行苦行；以頭布施，割截耳鼻手足支體，受諸苦惱，爲八正道平等解脫利汝等故。」時彌勒佛，如是開導安慰無量諸衆生等，令其歡喜。

（彌勒成佛經）

34.龍華三會

時彌勒佛，與九十六億大比丘衆，並穰佉王八萬四千大臣比丘眷屬圍遶，如月天子諸星隨從，步出翅頭末城，還華林園重閣講堂。時閻浮提城邑聚落，小王長者及諸四姓，皆悉來集龍華樹下，華林園中。（彌勒成佛經）

爾時彌勒佛於華林園，其縱廣一百由旬，大衆滿中。初會説四諦十二緣法，九十六億人得阿羅漢；第二大會説法，九十四億人得阿羅漢；第三大會説法，九十二億人得阿羅漢。（三會諸經説處稍異，惟羅什最初譯彌勒下生經，具足説龍華三會者，今準此經增入）三會之中，諸天八部發菩提心得須陀洹者，不可稱計。觀彌勒下生經曰：「爾時比丘姓號，皆曰慈氏弟子；如我今日諸聲聞，皆稱釋迦弟子。」

35. 入城乞食

時彌勒佛說四聖諦深妙法輪，度人天已，將諸聲聞弟子天龍八部一切大衆，入城乞食。無量淨居天衆，恭敬從佛，入翅頭末城。當入城時，佛現十八種神足……（釋梵諸天）天脫瓔珞及天衣，而散佛上，化成華蓋。天樂自鳴，歌詠佛德。密雨天華，旃檀雜香供養於佛。街巷道陌豎諸幡蓋，燒衆名香，其煙若雲。

世尊入城時，梵王帝釋及四天王以偈讚佛。魔王於初夜後夜，覺諸天人民，作如是言：「汝等既得人身，俱遇好時，不應竟夜睡眠覆心，若坐若立，當勤精進，正念諦觀五陰無常、苦、空、無、我！汝等勿爲放逸，不行佛教；若起惡業，後必致悔。」時街巷男女，皆效此語言。……爾時世尊，次第乞食，將諸比丘，還至本處，入深禪定，七日七夜寂然不動。（彌勒成佛經）

36.迦葉奉衣

爾時，彌勒與……諸弟子，俱往……狼跡山（即今雲南雞足山是）。到山頂已，舉足大指躡於山根，是時大地十八相動。彌勒以手兩向擘山，如轉輪王開大城門。

爾時梵王手持天香油，灌摩訶迦葉頂；油灌身已，擊大揵椎，吹大法螺。摩訶迦葉，即從滅盡定覺，齊整衣服，偏袒右肩，右膝著地，長跪合掌，持釋迦牟尼佛僧伽梨，授與彌勒。而作是言：「大師釋迦牟尼，多陀伽度阿羅訶三藐三佛陀，臨涅槃時，以此法衣付囑於我，令奉世尊！」

時諸大衆各白佛言：「云何今日，此山頂上，有人頭蟲，短小醜陋，著沙門服，而能禮拜恭敬世尊？」

時彌勒佛，呵諸大衆，莫輕此人！而說偈言：

孔雀有好色，鷹鶻鵄所食，白象無量力，獅子子雖小，

攝取如塵土！大龍身無量，金翅鳥所搏！人身雖長大，
肥白端正好，七寶瓶盛糞，污穢不可堪！此人雖短小，
智慧如鍊金，煩惱習久盡，生死苦無餘！護法故住此，
常行頭陀事，天人中最勝，苦行無與等！牟尼兩足尊，
遣來至我所，汝等當一心，合掌恭敬禮！

説是偈已，告諸比丘：「釋迦牟尼世尊於五濁惡世，教化衆生，千二百五十弟子中，頭陀第一，身體金色，捨金色婦出家學道，晝夜精進，如救頭然！慈愍貧苦下賤衆生，恒福度之，爲法住世，摩訶迦葉者，此人是也。」説是語已，一切大衆悉爲作禮。

爾時彌勒持釋迦牟尼佛僧伽梨，覆右手不遍，纔掩兩指；復覆左手，亦掩兩指。諸人怪嘆先佛卑小，皆由衆生貪濁憍慢之所致耳。

告摩訶迦葉言：「汝可現神足，並説先佛所有經法。」爾時摩訶迦葉，踊身虛空作十八變……承佛神力，以梵音聲，説釋迦牟尼佛十二部經。大衆聞已，嘆未曾有！八十億人遠塵離垢，於諸法中不受諸

法，得阿羅漢；無數天人，發菩提心！

（迦葉）遶佛三匝，還從空下，爲佛作禮，說有爲法，皆悉無常。辭佛而退，還耆闍崛山本所住處。身上出火，入般涅槃。（是時彌勒）收身舍利，山頂起塔。（復取種種華香供養迦葉。所以然者？諸佛世尊，有敬心於正法故！）（彌勒成佛經）

37. 千歲中一偈為戒

彌勒弟子，色如天色，普皆端正，厭生老病死，多聞廣學，守護法藏，行於禪定，得離諸欲，如鳥出㲉。（彌勒成佛經）

如來千歲之中，衆僧無有瑕穢。爾時恒以一偈，以爲禁戒：

口意不行惡，身亦無所犯；當除此三行，速脫生死關！

過千歲後，當有犯戒之人，遂復立戒。（法護譯本）

38.般涅槃遺法住世

彌勒佛住世之萬歲，（餘經亦有作八萬四千）憐愍衆生故，令得法眼。滅度之後，諸天世人闍維（火化）佛身。時轉輪王收取舍利，於四天下各起八萬四千塔。

正法住世六萬歲，像法亦六萬歲。（彌勒成佛經）

慈氏天人尊！哀愍有情類，期於六萬歲，說法度衆生。化滿百千億，令度煩惱海，有情皆拯濟，方入涅槃城。慈氏大悲尊，入般涅槃後，正法住於世，亦滿六萬年。（義淨譯彌勒下生成佛經）

39.彌勒如來紀念日

夏曆正月元日，禪門日誦，謂彌勒佛聖誕，恐非此日耶？按月令粹編，謂彌勒會，蓋此日爲彌勒下生，作會以爲之慶；此是隨地而風行者。如荊楚歲時記：荊楚以四月八日諸寺各設會，香湯浴佛，共作龍華會，以爲彌勒下生之徵也。

復次，爲以彌勒應身傅大士，五月八日，是降雙林之誕，而爲慶祝千秋。或以傅大士四月二十四日示寂，而爲紀念。或以二月十五日，彌勒菩薩上生兜率天，而爲紀念。

就中最爲世之舉行盛典者，即是元旦以爲普及。

若論金口所言，應以二月十五日根據上生經爲正；餘皆茲土支出耳。

40. 參考寶典提要

彌勒如來，若教之顯密，若史之本跡，非上諸經所引，能盡宣說其致焉！其餘諸經尚有若干種未提出者，如：彌勒問八法經、慈氏菩薩所說緣生稻芋喻經、一切智光明仙人慈心因緣不食肉經、佛說慈氏菩薩誓願陀羅尼經、法華經、心地觀經、大灌頂經、七佛所說神咒經、佛說陀羅尼集經、首楞嚴三昧經、佛本行經、十住斷結經、獅子月佛本生經。以上諸經，或導歸兜率見彌勒者；或闡說彌勒行果者。（慈宗要藏目錄）

復有彌勒因行者，如：月燈三昧經——彌勒以爲智力王，又爲德音王。眺子經——以爲天帝釋。維摩詰經——以爲兜率天王。華嚴經法界品——以爲毗盧遮那藏妙寶蓮華髻轉輪聖王。賢愚因緣經——以爲摩訶富那甯太子。六度集中所說，殺身濟賈人經——以爲天帝釋。又彌勒爲女身經——以爲婦女。又女人求願經——以爲賈人。又第七卷——以爲題耆羅梵志。又佛說前世三轉經——以爲五神通道人。可見彌勒事緣不少！此但從略耳。

41.、尾聲念佛

南無彌勒如來應等正覺！

42.半偈發願

願見彌勒佛，蓮池先會後龍華。

——本文取自「現代佛教學術叢刊」，第六十九冊：「彌勒淨土與菩薩心行研究」。

弎

(一)、彌勒信仰之興起

幻生法師

1. 彌勒信仰的傳入

彌勒信仰的起源，產生於印度。釋尊滅後三百年間，印度一般人的信仰，唯獨集中於釋迦，不信其他外佛。其後，由於時代的變遷，部派佛教的思想興起，大乘佛教的出現，信奉十方佛的多元思想，逐漸萌芽發展。竺法護譯出「彌勒成佛經」，始於西元三百年間，這是中國現存最早譯出的彌勒經典。從竺法護譯出的彌勒經，我們大抵可以推定，印度的彌勒信仰，是由西元前二百年至西元後二百年間形成產生的，這與大乘佛教的興起，頗有相連關係。

根據近代佛教美術史的研究，佛像的發源地，是在印度有名的犍陀羅（Gandhara）地方。近代發現的犍陀羅遺物，其中便有彌勒像。犍陀羅是古代佛教美術的中心，爲近代考古學家研究佛教藝術的重要所在。由於近代出土發現了西元二世紀後期的彌勒像，我們可以推定，印度的彌勒信仰，在西元二世紀至三世紀，已經相當盛行了。

犍陀羅發現的彌勒像，爲數甚多，彌勒信仰，古代以西北印度爲最盛。後來，隨著人類文化的發展交流，彌勒的信仰，從印度西北，逐漸擴展，傳到中亞細亞（古代的西域）。西元七世紀初葉，玄奘經由天山南路去印度，途中所經敦煌寺，寺內便有彌勒像。唐代道世著「法苑珠林」，記述玄奘西行途中的見聞說：「玄奘三藏云：西域道俗，悉爲彌勒之業。」足見彌勒信仰，在西域成爲普遍的信仰。

中國的彌勒信仰，無疑地，是從西域傳入的。最初，「彌勒經」的翻譯，是竺法護。他在西晉惠帝太安二年（三〇三），譯出「彌勒成佛經」。法護的祖先，是月支人，其本人出生於敦煌，所以，一般稱他爲「月支菩薩」，或「敦煌菩薩」。五世紀初葉，鳩摩羅什譯出

「彌勒下生經」與「彌勒成佛經」，羅什是龜茲人，出生於西域，成長於西域，成名於西域。「彌勒上生經」的譯者，爲五世紀的北涼沮渠京聲。沮渠京聲爲北涼王沮渠蒙遜的從弟，在于闐國研讀三藏，立志於佛道。其於高昌地方，獲得高昌語所譯之「彌勒上生經」，將之再爲漢譯。初期彌勒經的漢譯，其原本都是來自西域的，譯者也是西域人。這些原本，可能不是梵文原本，而是經過西域語文轉譯而來的。就初期的彌勒經傳譯歷史來看，中國的彌勒信仰，是與西域諸國的彌勒信仰，具有深厚的淵源關係，這是可以肯定的。

2. 彌勒信仰的信奉者

——道安・法顯・玄奘・窺基

中國信奉彌勒的，早期的著名人物，爲晉朝時代的釋道安（三一二——三八五）。道安是中國佛教史上早期的著名人物，對於中國佛教貢獻甚大。他研究般若經，確立北中國佛教的基礎，其名遠播西域。羅什未來中國之前，在西域早已聞知道安之名，稱爲「東方聖人」。道安對於漢譯佛經，其意不明之處，頗難解釋，欲請彌勒爲之決疑，因此，發願往生兜率。慧皎「高僧傳」卷五說：「安每與弟子法遇等，於彌勒前立誓，願生兜率。後至秦建元十一年正月二十七日，忽有異僧，形甚庸陋，來寺寄宿。寺房既窄處之講堂。時維那直殿，夜見此僧從窗隙出入，遽以白安。安驚起禮訊，問其來意。答云：『相爲而來。』安曰：『自惟罪深，詎可度脫？』彼答云：『甚可度耳。然須臾浴，聖僧情願必果。』具示浴法。安請問來生所往處，彼乃以手虛撥天之西北，即見雲開，備睹兜率妙勝之報。爾夕大衆，數十人悉皆同見。安後營浴具，果是聖應也。至其年二月八日，忽告衆曰：吾當去矣！是日齋畢，無疾而卒，葬城內五級寺中。是歲晉太元十年也，年七十二。」（大正五〇・三五三中——下）又「高僧傳」卷五，道安弟子曇戒的傳記裡也說：「事安公爲師，博通三藏，誦經五十餘萬言，常日禮五百拜佛，晉臨川王甚知重。後篤疾，常誦彌勒佛名不輟口。弟子智生侍疾，問何不願生安養？誡曰：「吾與和上（道安）等八人，同願生兜率，和上及道願等，皆已往生，吾未得去，是故有願耳！」言畢，即有光照於身，容貌更悅，遂奄爾遷化，春秋七十。仍葬安公墓右。」（大正五〇・三五六下）由這些記載中，足以說明道安是一彌勒的信奉者。中國彌勒信仰的起源，可說是由道安及其門下開始的。

中國另一位信奉彌勒的著名人物是法顯。法顯於西元三九九年至四一五年，西去印度求法，他越過帕米爾高原，進入北印度的陀歷國。陀歷國過去有一阿羅漢，要造彌勒像，以神足力，將一位著名的雕塑家，帶往兜率天上，親睹彌勒菩薩的慈容，然後下來作像。這位雕塑家，曾經三度上兜率天，觀看彌勒，完成其像。該像高八丈，足趺八尺，齋日常見光明。法顯途經該國，特地前去禮拜。

法顯在其「佛國記」裡記述，他在瞻波國時，聽「天竺道人誦經云：佛鉢本在毗舍離，現在犍陀羅，若干百年，當至月支國、于闐國、屈支國、師子國、中國；若干百年，遠至中天竺。其時上兜率天，彌勒菩薩見之，歎曰：釋迦文佛鉢至，與諸天華香供養七日，還至閻浮提，海龍王持入龍宮。至彌勒成道時，佛鉢始出，四天王獻與彌勒。以賢劫千佛共用一鉢。」法顯當時欲寫此經，天竺道人說：此無經本，我只口誦耳！由「佛國記」的這一記載，可知當時印度已有種種有關彌勒經典的傳誦。

法顯赴印度求法，途中親見彌勒之像，親聞傳誦彌勒之經，其對彌勒之信奉，由此確立。不過，法顯回到中國，印度與西域的彌勒信仰，早經傳來。彌勒的靈驗，給與五世紀中國人的信仰，有著很大影響。中國的彌勒信仰，經過道安與法顯的傳播，加上「彌勒經」的譯出，釋迦的繼承者，乃兜率天的彌勒菩薩。因此，中國人紛紛皈依信奉彌勒菩薩，形成北魏時代佛教的信仰中心——中國彌勒信仰的興盛。

七世紀中，玄奘赴印度求法，從戒賢論師學習瑜伽唯識，遍遊全印。印度的彌勒信仰，及其彌勒塑像，非常盛行。玄奘也是一個彌勒的信奉者。道宣「續高僧傳」卷四，「唐京師大慈恩寺釋玄奘傳」，有這樣的記述：「奘生常以來，願生彌勒。及遊西域，又聞無著兄弟皆生彼天。又頻祈請，咸有顯證。懷此專至，益增翹勵。後至玉華，但有隙次，無不發願，生睹史天見彌勒佛。自般若釋了，惟自策勤，行道禮懺。……默念彌勒，令傍人稱曰：南謨彌勒如來，應正等覺，願與含識，速奉慈顏。南謨彌勒如來所居內眾，願捨命已，必生其中。至二月四日，右脅累足，右手支頭，左手髀上，鏗然不動。有問何相？報曰：勿問！妨吾正念。至五日中夜，弟子問曰：和上定生彌勒前不？答曰：決定得生。言已氣絕。」（大正五〇・四五八上——中）從道宣的記述裡看，玄奘不僅是一個彌勒的信奉者，而且是一誓願往生兜率天，睹見彌勒的實踐者。

玄奘是一彌勒的信奉者，他的門下——窺基，也是一個虔信彌勒的人。贊寧「宋高僧傳」卷四，「唐京兆大慈恩寺窺基傳」說：「基生常勇進，造彌勒像。對其像日誦菩薩戒一遍，願生兜率，求其志也。乃通身光瑞，爛然可觀。」（大正五〇・七二六中）根據贊寧所記，窺基對彌勒像誦菩薩戒，且有光瑞異相可見。窺基撰寫「彌勒上生經疏」，宋高僧傳所記，尚有一段不可思議的因緣：

後躬遊五臺山，登太行，至西河古佛宇中宿，夢身在半巖山下，有無量人唱苦聲，冥昧之間，初不忍聞。徒步陟彼層峯，皆玻璃色，二天童自城出。問曰：汝見山下罪苦衆生否？答曰：我聞聲而不見形。童子遂投與劍，一人曰：剖腹當見矣！基自剖之，腹開有光兩道，暉映山下，見無數人受其極苦。時童子入城，持紙二軸，及筆投之，捧得而去。及旦，驚異未已。過信夜，寺中有光，久而不滅，尋視之，數軸發光者，探之，得彌勒上生經。乃憶前夢，必慈氏令我造疏，通暢厥理耳。遂援毫次，筆鋒有舍利二七粒而隕，如吳含桃許大，紅色可愛；次零然而下者，狀如黃粱粟。（大正五〇・七二六上）

窺基作「彌勒上生經疏」，是感夢而造的。他在作「疏」期間，並且感得許多舍利。這位玄奘門下號稱「百部疏主」的慈恩大師，他從彌勒信仰中，獲得不可思議的瑞相感應，可以知其對彌勒信仰之深了。

彌勒信仰傳入中國，盛行一段很長時期，歷數世紀之久；中國人信奉彌勒的，爲數甚多，以上所舉，僅舉其著名的幾位代表而已。

——本文取自「彌勒信仰及其應化事蹟」一書

(二)、彌勒信仰之式微

幻生法師

1.下生思想之曲解

自公元四世紀初起，彌勒信仰傳來，直至公元八世紀，在此四百年間，是中國彌勒信仰的鼎盛時代。公元八世紀以後，彌勒信仰逐漸式微。彌勒信仰的式微，根本的主要原因，是一部分人對彌勒下生思想的曲解。由於彌勒下生思想的曲解，而被一般不肖者加以利用，從純宗教的信仰，沾染了政治色彩，而導致其式微。

依據「彌勒上生經」所記，彌勒在兜率天宮爲天衆説法，要經過人間五十七億多年，人類的壽命延長到八萬四千歲時，彌勒才下生人間成佛，三會度生。彌勒下生的目的，旨在度化釋迦未度盡的衆生，將娑婆世界化爲清淨佛土。可是，一部分人不能熟記此一經文，而被不肖者加以曲解與利用，謂彌勒即將下生成佛。彌勒下生成佛，是由彌勒來主化這一世界。因此，一般對現實政治不滿的人，便假藉此說，以訛傳訛，製造許多政治暴動。我們從史籍的記載裡，可以見到許多。

北魏宣武帝延昌四年（五一五），沙門法慶，善幻術，自稱大乘，得冀州豪族李歸伯信之。其地方刺史凶殘失政，天災多苦，一般人士多信法慶幻術。因此，法慶遂令部下服藥狂亂，傳言：殺一人者，爲一住菩薩，殺十人者，爲十住菩薩。殺之愈多者，則菩薩品位愈高。當時從而蠭起之所謂「大乘賊」，爲數五萬，演變爲政治暴動的殺人集團。殺縣令，毀寺院，殺僧尼，胡作非爲。北魏政府，派遣軍隊十萬，激戰四月，始被敉平。河北一帶，死者數萬，狀極淒慘。法慶領導的所謂「大乘賊」，其口號是：「新佛出世，除去舊魔。」所謂新佛——彌勒，當然指的就是法慶。因爲新佛的出世，所以要除去一切舊有的統治支配者及僧尼等一切魔性，以實現其理想國土。這是利用彌勒下生之名，集合民衆作亂的一例。

隋煬帝大業六年（六一〇）元旦，白衣持香花一團，稱彌勒佛出世，殺衞士，從洛陽建德門亂入，此事株連千餘家。又，大業九年（六一三），宋子賢作亂。宋爲河北唐縣人，善幻術，自稱彌勒佛出世。於其住宅堂上，懸鏡一面，畫一蛇形於紙上，有人來觀，轉鏡示現種種形像，謂有罪之人，應禮拜懺悔，妖言惑衆，而行詐術，日得信者數百人。後謀反亂，襲煬帝行列，失敗被誅。同年陝西扶風縣沙門向海明，稱彌勒化身，集衆謀反，自號皇帝，改年號「白烏元年」，旋被討滅。

入唐之後，武后迷戀政治，簒奪皇位，亦籍用彌勒下生之名而行之。載初元年（六九〇），武后命人於洛陽禁中道場，作讖文附於「大雲經」內，稱武后爲彌勒佛下生，作閻浮提之主，由是收攬人心。此一計畫成功，百官民衆等六萬餘人，請武后即位，就任皇帝，改國號爲周。

由上所舉，古代藉用彌勒下生之說，而謀政治之變亂，史書記載甚多。彌勒下生成佛，據經典記述，是在五十七億餘萬年之後，而彌勒成佛，乃係化娑婆爲淨土，說法度生，不涉及政治問題。不肖者卻予以利用，曲解其說，一般人更不明佛經究竟內容，盲從附會，遂成爲野心分子利用之資本。以彌勒下生之名而謀造反叛亂，由唐至宋，尚有多起。即至現在，仍有藉用彌勒下生之說，陰謀政治顛覆活動者，時有所聞。雖然，考其謀亂之原因，各各有其獨自不同的社會背景，然從其思想方面言之，則與彌勒下生之說，化五濁爲淨土，建立一美好的和樂世界，多少有其關聯。

彌勒信仰，由純宗教的教說，牽連到政治問題，發生許多亂故，形成了一般人信仰的禁忌。這是導致彌勒信仰式微的一大主因。

2. 彌陀淨土與彌勒淨土之爭

隋唐之際，淨土宗道綽與善導，大事宣揚彌陀淨土，主張極樂之勝，兜率之劣，强調末法之際，五濁惡世衆生，應爲極樂世界所攝化。因此，彌陀信仰，發展迅速，逐漸成爲中國佛教信仰的主流，取彌勒信仰而代之。我們從上舉龍門石窟的造像變遷，可以反映到這一信仰的轉移。

道綽在他的「安樂集」卷上，舉出四點，論述彌陀淨土與彌勒淨土的優劣：

一、彌勒世尊，爲其天衆轉不退法輪，聞法生信者獲益，名爲信同。著樂無信者，其數非一。又來雖生兜率，位是退處。是故經云：三界無安，猶如火宅。二、往生兜率，正得壽命四千歲，命終之後，不免退落。三、兜率天上，雖有水鳥樹林和鳴哀雅，但與諸天生樂爲緣，順於五欲，不資聖道。若向彌陀淨國，一得生者，悉是阿毗跋致，更無退人與其雜居。又復位是無漏，出過三界，不復輪迴。論其壽命，即與佛齊，非算數能知。其有水鳥樹林，皆能說法，令人悟解，證會無生。四、據大經：且以一種音樂比較者。經讚言：從世帝王至六天，音樂妙轉有八重，展轉勝前億萬倍，寶樹音麗倍亦然。復有自然妙伎樂，法音清和悅心神；哀婉雅亮超十方，是故稽首清淨勳。（大正藏四七．九中——下）

道綽所舉的這四點，明顯地，是在貶斥彌勒淨土，不及彌陀淨土的殊勝。我們的看法，既然同稱爲淨土，也就不用作過分地機械性的劃分了。過分地强調彌陀淨土的究竟，貶抑其他淨土的不究竟，這是帶著宗派主義色彩的看法，未必就是絕對的正確。佛說十方淨土，平等平等，無有差別。這在狹隘的宗派主義者，又作如何去說明？

唐代的迦才，在其「淨土論」卷下，論述「西方」與「兜率」，孰優孰劣，說：

問曰：兜率天宮，彌陀淨土，此之二處，俱是佛所讚經，未知此二何優何劣？

答曰：此之二處，……若論其處，則互有優劣。且如兜率天宮，則構空而立；極樂世界，則就地而安。此則空實異居，人天趣別。若據此土一往論，則天優人劣也。若論其淨穢者，兜率雖是天宮，由有女人。故名之爲穢；極樂雖是地界，由無女人，故號之爲淨。然此之淨穢，有十種異。一、有女人無女人異：兜率男女雜居；極樂唯男無女。二、有欲無欲異：兜率有上心欲，染著境界；極樂無上心欲，故常發菩提心。三、退不退異：兜率處所是退；極樂處所是不退。四、壽命異：兜率壽命四千歲，仍有中夭；極樂壽命無量阿僧祇劫，無中夭壽命者。五、三性心異：兜率則有三性心間起，故惡心墮地獄；極樂唯有善心生，故永離惡道。六，三受心異：兜率三受互起；極樂但有樂受。七、六塵境界異：兜率六塵，令人放逸；極樂六塵，令人發菩提心。八、受生異：兜率受生，男在父膝上，女在母膝上；極樂受生，七寶池內蓮花中生。九、說法異：兜率唯佛菩薩說法；極樂水鳥樹木皆能說法。十、得果異：兜率生者，或得聖果，或不時（聖果）；極樂生者，定得無上菩提。若就此義，西方大優，兜率極劣也。（大正藏四七・一〇〇上——中）

迦才舉出十點，說明「兜率」與「極樂」的優劣。接著，他又以往生的難易，提出七，做為「西方」與「兜率」的比較：

若論往生之人，往生西方者易，上生兜率者難。此之難易，亦有七種差別。一、處別：極樂是人，兜率是天，此則天難人易。二、因別：極樂但持五戒，亦得往生；兜率具修十善，方得上生。三、行別：極樂乃至大念成就，即得往生（出觀經）；兜率具施戒修三種，始得上生（出彌勒經）。四、自力他力別：極樂憑阿彌陀佛四十八大願他力往生；兜率無願可憑，唯自力上生。五、有善知識無善知識別：極樂有觀世音、大勢至，常來此土，勸進往生，臨命終時，擎金剛臺，來迎行者，種種讚歎，勸進其心，即得往生；兜率無此二菩薩故，但自進上生。六、經論勸生處多少別：極樂說處，經經中讚，論論中勸；兜率說處，何但經讚處稀，亦論勸處少。七、觀古來大德趣向者多少別：極樂上古已來，大智名僧趣向者多；兜率上古已來，大德願樂者少。由此義故，往生西方則易，上生兜率稍難也。（大正藏四七·一〇〇中——下）

此外，懷感的「釋淨土羣疑論」，以及元曉的「遊心安樂道」等，都有類似的論說。

其實，迦才的這番論述，就客觀立場來分析，有些並不盡然。兜率與極樂，往生者退與不退，淨土的莊嚴與不莊嚴等等，這些都不是實質問題，而是信仰者的信心問題。重自力的，並非就是劣；仗他力的，也非就是優。修十念法的，與行施戒修的，不能說有絕對性的難易差別，問題還是衆生的根機喜好不同。至於論到兜率淨土，公正的看法，應該如此：彌勒淨土的特色，是由天上淨土而到人間淨土。所謂淨土，本是佛所居住的地方，彌勒在兜率天行菩薩道，爲衆生說法，嚴格地說，兜率天並不能稱爲淨土。不過，彌勒是決定成佛的，稱爲「一生補處菩薩」，所以，一般也稱兜率天爲「兜率淨土」。兜率天，是欲界的六天之一，在天界中，並非屬於最高天。欲界六天，最低的是四天王天，其上爲忉利天、夜摩天；兜率天位於夜摩天之上。兜率之上，尚有化樂天、他化自在天。欲界天之上，還有更高的色界天與無色界天。印度的天部思想，是隨著時代的演變發展建立的。在古代，兜率天可能是最高的天了。

兜率天與極樂世界，大體是相同的，都不是我們現住的人類世界，而是屬於另一世界。彌勒的兜率淨土，屬於欲界的一部分；彌陀的極樂淨土，不屬欲界所有，而是在西方的另一世界。就界繫觀之，二者雖有差異，但從死後的往生而論，都是離開現實人間而到另一世界，在實際的信仰上，是沒有多大差別的。

彌勒在兜率天，稱爲天上淨土，將來他到人間成佛，化閻浮提爲金色，成爲「人間淨土」。就成佛所居的淨土而言，彌勒建立的「人間淨土」，才是真正的淨土；現住兜率天，稱爲兜率淨土，尅實地說，這是彌勒行菩薩道方便建立的淨土。從彌勒建立「人間淨土」的思想，似比彌陀淨土顯得更爲積極而切實際。因爲，彌勒不離人間，不捨五濁惡世，化五濁爲淨土。彌陀淨土思想，只在接引衆生脫離五濁惡世，但對五濁惡世，並不想作積極而徹底的改造，使之成爲淨土。這是兩者思想的差異。就思想比較而言，彌勒的思想，似乎屬於積極的一面；彌陀的思想，未免流於消極的救濟而已。

彌勒下生成佛（人間淨土的出現），在時間上，是久遠的未來；彌陀淨土，在空間上，相距十萬億佛土，兩者均非在現前。

彌勒化現世爲淨土，龍華三會說法度生，這一思想，是獲得多數人信仰支持的。從不同的立場來看，我們的看法，與彌陀信仰者的觀點，或許並不完全相同。

中國佛教的傳播發展，一般人從經典的理解中，雖然知道兜率天與極樂世界的不同，但在實際的信仰上，卻將西方極樂世界認爲是天上的西方，而與道教的神祇、天人、彌勒、無量壽等，均被視爲天界，其結果，兜率與極樂，彌勒與彌陀，形成混同。造彌勒像的，發願往生西方極樂世界，可是，又期望龍華三會與彌勒相值。這是信仰的混淆。不僅一般在家信衆如此，即連少數的出家僧尼，亦不例外。如北魏孝文帝（元宏）二十三年（四九九），僧欣造立彌勒石像，其在銘文口記：「願生西方無量壽國，龍華樹下三會說法，下生人間王侯子孫，與大菩薩同生一處。」這是具體典型的例證。

由於一般人對彌勒與彌陀信仰不易分清，形成信仰上的混同與淆亂，加之，彌陀信奉者，過分地宣揚貶抑，不肖者利用彌勒下生之名，進行叛亂，在這多種複雜的因素下，彌勒信仰在中國便逐漸式微。

慧廣按：有關極樂淨土行者貶斥彌勒淨土的論述，古來尚有不少，本想一一提出，加以辯正，但因佔用篇幅過多，同時覺得，只要作原則上的說明，便已足過了，實在不必再做無謂的爭辯，所以作罷。

凡曾略微深入探究過佛法的人，必然會同意這個觀點：佛法如藥，藥乃是應衆生病而有，衆生病有多種，便要有多種的藥以爲對治。佛法所說的衆生之病，不只是身體上的，還包括心理上、智慧上的，如七情六慾、貪瞋痴等等煩惱，在佛法裡都叫做病。由佛眼所見到的衆生病，數量之多，經中以八萬四千來形容，所謂「八萬四千煩惱病」。爲治療這衆多的病，佛陀便說出了三藏十二部，浩如煙海的法，作爲對治。其中，實在不應分別，說這法好，那法不好，因爲法法皆是藥，只要能對症下藥，便能治好病，所以藥藥都是好藥；法法平等，不該分別高下優劣。基於這原則，來看中國佛教的各宗，應該是各宗平等，宗宗皆是究竟，而又宗宗皆是方便法。有病須用藥，病去藥亦除。如何執著，而去分別己宗優，他宗劣呢？因此，古來祖師，如果有此論述的，便不出於下列兩種理由：一、是方便言說；二、是出於宗派觀念。先說第一點，娑婆衆生善根淺薄，信心常不足，爲了堅固修行人的道心，不得不說所修的這一宗，是各宗中最優的，其他各宗皆不如己宗。佛陀每講完了一部經時，亦皆稱讚該經的殊勝，用意都是一樣的，乃是方便言說，否則，便犯了「自讚毀他」的菩薩重戒。二、專於己宗，便疏於他宗，對於所研究、修持的宗門，因爲有深入的體會和心得，自然覺出它的優勝。而其他各宗，或因自己根性不合，未曾深入，自然體會不出它的殊勝，粗觀之下，便覺得劣於己宗了。這是專志於一宗的人，常會犯上的毛病。自己如不覺，竟發爲言說論述，所論他宗，就像帶上了有色眼鏡，無一正確。譬如：前文「彌陀淨土與彌勒淨土之爭」中，所引「安樂集」、「淨土論」，對兜率淨土的看法，便是如此。何況作者是爲了弘揚極樂淨土，如何不貶抑兜率，來顯己門之勝呢？因此，難免做出違背佛經的論述，其他有關的著作，大都是如此。其實，兜率淨土的情形，並非如所說的那樣。他們所以做此論說，相信只是方便言說，否則，便是宗派觀念使然了。由於立場不同，看法自然也不同，只是，所論說的便失去了它的本來面目。因此，要了解兜率淨土，唯有閱讀古來修此法門的祖師大德的著作，他們的論述才是正確的，不要受到別宗曲解的影響。

——上文同樣取自「彌勒信仰及其應化事蹟」一書

㈢、彌勒教

鄭燦

真正流傳至今之邪教應自彌勒教計起，其名稱與外表雖隨時改變，且流派蔓衍，支系百出，但代代相承，其本質迄今無何重大變更。

漢明帝時佛教傳來中國。黃巾造逆之後，魏、晉、南北朝禍亂頻仍，鮮有寧歲，人心苦思解脫，多嚮往佛法，於是民間有彌勒教出現。

隋煬帝大業六年元旦，素冠練衣者數十人，焚香持花，自稱彌勒佛，闖入宮門，奪衞士兵仗爲亂，立被擒殺，都下官民被株連者千餘家。大業九年十二月，唐縣人宋子賢以幻術變佛形，自稱爲彌勒出世，謀乘「無遮大會」（佛教盛會，上自天子，下至平民，無論貴賤僧俗皆可參加）之便舉兵襲擊天子乘輿；同時扶風人向海明亦自稱彌勒，聚衆作亂，自立爲帝，均告失敗，連累衆多無辜。

唐玄宗開元中，教匪王懷古揚言「釋迦牟尼退位，彌勒佛接掌天盤」，並稱「李家欲滅，劉家欲興」（按：漢唐兩朝被認爲正命，中間各朝代被認爲閏運而非正命），謠言四起，經各地有司查緝，捕獲正法。開元廿四年，醴泉妖人劉志誠作亂，驅掠路人向咸陽進發，被官兵剿除捕殺。

宋仁宗慶曆七年，涿州人王則流落貝州，勾結當地敗類恣爲妖妄，揚言「釋迦佛衰退，彌勒佛持世」，連絡德、齊諸州黨羽謀反，事泄，先期據貝州城以叛，自稱東平王，挾城內軍民頑抗官兵，凡六十六日而敗，則被執伏法，城內外傷亡枕藉，廬舍爲墟。

按：彌勒至今猶爲菩薩，在兜率天爲天人說法，將於五十六億七千萬年之後成佛，降臨吾人所居世界大開普度。邪教無知，濫造謠言，後來可能發現錯誤，又用「釋迦牟尼退位」、「釋迦佛衰退」等說掩飾，可憐愚民受騙盲從，招來殺身破家橫禍。

——本文取自「中國邪教禍源考」，中國孟孟學會印行

㈣、彌勒宗簡介

智揚

依據太虛大師所著整頓僧伽制度論中，將中國本部佛教，別分爲八宗：清涼宗（華嚴宗）、天臺宗（法華宗）、嘉祥宗（三論宗）、慈恩宗（唯識宗）、開元宗（真言密宗）、少室宗（禪宗）、南山宗（律宗）、盧山宗（淨土宗）。現今年輕人大都知道華嚴、淨土、天臺、律、禪、密六宗，對於三論宗及慈恩宗知道較少。因爲一貫道繪聲繪影地宣傳彌勒佛已降生人間，以此大傳其道，今特介紹慈恩宗以破其謬論。

慈恩宗簡稱慈宗，由玄奘大師舉彌勒、無著、天親之學傳弟子窺基，是爲慈恩法師。窺基大師大倡唯識論故又稱唯識宗，因尊彌勒菩薩故又稱彌勒宗。太虛大師及汐止慈航大師（來臺第一位肉身成就的大師），均發願上生兜率內院，恭聆慈氏彌勒菩薩說法，以便來世降臨娑婆，共助宏法成就。

當初我學佛時只知阿彌陀佛西方極樂淨土，及涉太虛大師文集時，卻發現偉大的太虛大師臨終發願往生彌勒兜率內院淨土，感到很詫異，於是研究其理由：一、彌勒淨土和吾人同在娑婆同屬欲界，對欲界衆生因緣特別殊勝，最易得生。（阿彌陀佛淨土，西去此方十萬億佛土，比較起來彌勒淨土較爲親切接近，且他方淨土汎攝十方有情，而彌勒淨土則專化此土欲界衆生。）二、唯有彌勒淨土專攝欲界有情，他方淨土或由菩薩得生，或由聲聞得生，或由天界得生，只有彌勒淨土是由人上生；吾人修持三皈、五戒、八戒等，即得上生，亦即現前當生，修習善根福德而莊嚴成就淨土。

一貫道徒宣傳：「釋迦退位，彌勒掌天盤。」，「彌勒出世，龍華快睹。」，就佛說彌勒菩薩上、下生經，彌勒菩薩在人壽八萬四千歲時降生，就今世人壽每百年減一歲，減到人壽十歲時，再每千年增十歲，一直到人壽八萬四千歲時，共需五十七億六萬年（另有一說云五十六億七千萬年，請閱佛說彌勒上、下生經集註一七〇頁），所以今人壽七十左右，還未到彌勒下生的時候。（今天科學發達，戰爭武器威力甚大，有很多人擔心世界末日將因第三次世界大戰而促其提早來臨，於是末世思想在人類腦海中作祟；更多外教惶惶恐恐地怕世界末日一旦來臨，性靈及靈魂將一炸粉碎，正大力出售此種危害人心健康的說法，令人神經衰弱，而正信佛教徒對此說法不屑一顧。）

彌勒菩薩是賢劫千佛第五位，第一位是拘樓孫佛，第二位是拘那含牟尼佛，第三是迦葉佛，第四是釋迦佛，而第一千佛是樓至佛（請閱千佛因緣經）。彌勒降生後，初會說法，廣度諸聲聞九十六億人，令出煩惱障；第二會說法廣度諸聲聞九十四億人，令度無明法；第三會說法，廣度諸聲聞九十二億人，令心善調伏（此乃真正龍華三會，不是一貫道所說九六原人，四億倒裝下世，仙佛大道普度的亂說。）凡是在釋迦佛佛法教化中的人，未成道者將於彌勒成佛時得度。也就是說，今天修學佛法的人，不管只稱念一句佛號而已，也將在那時候和彌勒菩薩同時受習佛法成就。再詳細的說，今天看到此文的人，只要一稱「南無當來下生彌勒佛」，一定在那時得度成就；尤其是一貫道徒，不要再默念「無太佛彌勒」那五字，請您正大光明出口高誦「南無彌勒佛」，把長久鬱積在心胸中那股邪氣，從此一吐乾淨，才不會憋死人了！

——此文原載「慈雲月刊」十八期

(五)、論往生兜率淨土與唯識

慧廣

正如前面，幻生法師在文章中的論述，我國佛教原先的淨土信仰，乃以兜率天的彌勒淨土爲盛，後來，受到一些對現實政治不滿的人，故意曲解彌勒下生成佛之事，結果造出害民害國的叛變，使純宗教的信仰，沾染上了政治色彩，一般人信仰彌勒淨土，難免就有了顧忌。

正當此時，西方阿彌陀佛的極樂淨土信仰，亦已在中國興起，數位求生極樂淨土的祖師，乃乘虛而入，大加貶斥兜率彌勒淨土不如西方極樂，終使彌勒淨土成了歷史上的名詞。

千餘年來，除了少數志超羣凡之士——如近代的太虛大師，本身求生內院，又寫文介紹，講說彌勒經典；台北汐止的肉身菩薩慈航大師，創建「彌勒内院」道場，以彌勒淨土接引衆生；印順導師開示現時代中，彌勒淨土法門值得提倡，因爲它較有人間福樂，能照顧到現實人間生活，（見六九年六月一日出版，慈恩周刊第七三期，訪問記。）以及浩霖法師在美國紐約東禪寺，專弘彌勒淨土法門。——能突破外加於此門的曲解，獲見這法門的真面目，知道有如此殊勝之法，竟然受到埋没，不禁感慨，因此，加以介紹。當然，不見史傳，默默修此法門，求生内院，親近彌勒的也不少。近代虛雲老和尚一百一十二歲曾上昇兜率内院，親聞彌勒菩薩説法，曾見聽衆中，有十餘人，是他的舊友（見虛雲老和尚年譜一百一十二歲章。）可以作爲證明。

如此殊勝的法門，所以受到埋没，除了前述兩個原因外，尚有第三個原因，即：往生兜率内院的思想，受到唯識學者，加以唯識化。

唯識學的思想來源和根據，雖然可以追溯到釋尊所説的經典，如解深密經、楞伽經、華嚴經……等，但真正成立爲一個宗派，乃在佛滅後九百年間，無著菩薩修定成就，以神通力上昇兜率內院，諮問彌勒菩薩大乘佛法，並請補處菩薩下降印度，演說唯識學的要典：「瑜伽師地論」。無著加以發揮弘揚，才成立爲宗。這是從彌勒菩薩演說瑜伽師地論而來，因此彌勒便被共認是唯識宗的開山祖師。由於唯識學的始祖是彌勒菩薩，而菩薩又爲一生補處，居住在兜率天內院，所以古來許多研究唯識學的人，都發願命終往生兜率內院，親近彌勒菩薩，再求進益。如印度唯識學的創立者無著、世親，和中國唯識宗始祖的玄奘、窺基等都是。

唯識學的修法在於唯識觀，亦即作世間萬法，皆自心意識的變現，似有外境，其實並無。所以不論有爲法、無爲法，都會歸於心識，便成萬法唯識。學人從五重唯識觀（詳請見唯識書籍。）或從三性三無性中修起。從唯識觀想而生起的定，便名唯識定，這是修唯識法的初步成就。佛法是重實行的，各宗無不如此，唯識宗亦不例外。學唯識的人，如依本宗的修法，便是唯識觀，初步目標在唯識定。由於修唯識的人，又求生兜率內院，因而使人懷疑往生彌勒淨土，必須修唯識定才行，加以他宗借此機會，以錯就錯，故意曲解，就變成了往生兜率淨土，必須修成唯識定，將原來在十方諸佛淨土中，與娑婆衆生最有緣，最容易求生的彌勒淨土，説成了最難修持和往生。因爲，唯識宗乃佛法中比較艱奧的一宗，它的名相的繁瑣，不具有科學的頭腦，有條不紊的組織能力，便很難勝任。如果對唯識學理没有深入的洞徹，也就無法作唯識觀想，又如何修唯識定呢？因此，大多數人談到唯識學和修唯識觀，無不望而卻步，被誤解依唯識學理而成立的彌勒淨土，他們又何敢求生呢？

現在，就從三個理由來澄清，往生兜率淨土不必修唯識定。

一、兜率淨土信仰，興起在佛滅後三百年至五百年間，而唯識學成立爲宗，則在佛滅後九百年間。在唯識學未成立爲宗，未被人了解以前，已有人修兜率淨土法門。就以我國來説，唯識學成立爲宗，開始在唐初，玄奘從印度取經回來，大量翻譯唯識經論，傳授弟子窺基之時。而在唐朝以前，我國佛教界的兜率淨土信仰，已非常普遍，從唐朝道宣所著的續高僧傳，以及宋朝贊寧所著的宋高僧傳中，都可以找到唐朝以前，已有不少高僧求生兜率，有名的晉朝道安大師和他的弟子，便是一個例子。當時，唯識學尚未傳來，他們沒有修習唯識觀定，自然是無可懷疑的，但從傳記所載，他們臨終，都有瑞應或跡象顯示，已得到上生兜率。

二、兜率淨土信仰，乃以「佛說觀彌勒菩薩上生兜率陀天經」（簡稱上生經）爲依據。該經談到往生兜率的修法，乃是觀兜率天、持戒、行十善、念彌勒，以及行六事，聞名（彌勒名）歡喜，恭敬禮拜等，並沒有修唯識觀定的記載，讀者自己可以查閱。

三、與玄奘同爲中國唯識宗之祖的窺基，本身可以說是修學唯識的人了，他和玄奘都發願，命終後上生兜率，親近彌勒菩薩。曾經爲上生經注疏，在注疏期間，感得不少舍利從筆尖而出，可見疏文的符合經意，正確性是無可懷疑的。在疏文中，窺基也沒有談到，上生兜率必修唯識（疏存卍字續藏經第三五册，讀者可自行查閱。）

由前面所述三點來看，往生兜率淨土和唯識學完全是兩回事。兜率淨土所以牽連上了唯識學，主要有兩個原因：一是唯識學者的附會，以本身所修的唯識觀想，迴向願生彌勒菩薩前，自然使兜率淨土法門，帶上了唯識學的色彩，亦如後來融入禪宗的淨土宗，大倡唯心淨土，生即不生的道理，雖然竟境高超，但已失去了淨土宗原先的面目，成爲禪的淨土宗了。所以在唯識學者附會下的兜率淨土宗，也失去了本來面目，我們要窺見兜率淨土的真面目，除了必須去除外道和極樂淨土行者的曲解外，還要再排開唯識學者的附會。誠然，了解唯識學理，修唯識觀有助於上生；但不了解、不修唯識觀，同樣可以往生。正統的修法，是以上生經所說的爲主，古代往生的祖師大德，他們大多依上生經而起修的。

二、彌勒菩薩在因地，以修唯心識定，得證無生法忍（見楞嚴經），同時，在釋尊滅後九百年間，因無著之請，下降印度，講說唯識要典：瑜伽師地論，被奉爲唯識宗第一代祖。由於唯識是菩薩的本修因，或者，菩薩對之有獨特的愛好，所以在兜率內院，亦常說唯識（從明憨山、民國虛雲神遊兜率事猜測。）因此，使人誤會兜率內院是個唯識學院，非對唯識學有相當認識和修學的，不能往生。其實，菩薩說法是適應衆生根機的，並非只說唯識。上生經說：「是時菩薩隨其宿緣爲說妙法，令其堅固不退轉於無上道心。」彌勒大成佛經中談到，菩薩下生成佛後，所說的法，亦如本師釋尊，從四聖諦、十二因緣開始。這顯示了佛佛道同，不應該懷疑補處菩薩所說的法只限於唯識。

其實楞嚴經雖然有菩薩親口所述，因地修唯識的記載，但菩薩的最初因地，則是從慈發心，修慈心三昧的，這從菩薩的名號彌勒可見一般。彌勒乃梵文的音譯，意思即慈氏。補處菩薩以慈爲號，是有它的因緣的。「賢愚經」波婆梨品中說：在過去無量劫，世界上有位弗沙佛出世，該佛的一位弟子，有一天入慈心三昧的禪定，相好莊嚴，放大光明，被當時一位大王曇摩留支所見，心中非常敬仰，經弗沙佛的開示，知道是入慈心定，所以有如此大的威德，曇摩留支便發願，也要修學慈心三昧。有了此願以後，心就常繫念在慈，個性變得很柔和。這位國王便是彌勒菩薩的前身。從那時起，菩薩生生世世便都修習慈心的禪定，深入了慈心三昧。菩薩不但現在以慈爲姓，過去生也如此，未來成佛，還是一樣。「一切智光明仙人慈心經」中又說：在過去無量阿僧祇劫時，曾有一佛出世，佛號彌勒，常演說慈、悲、喜、捨四無量法，教化衆生。那時，有一位大婆羅門，名字叫一切智光明，精通各種技能，而多智博達。後來，一切智光明受佛所度化，奉持佛經，並發願，未來成佛，也同樣號彌勒。便捨離家業，帶髮進入深山修行，因此被稱爲仙人。有一年，遇到洪水爲患，農物空乏，仙人乞食不到。足足有七日沒有吃食，當時山上有白兔母子，見仙人多日無食，爲護持佛法和修行。發願自燒身爲食，供養仙人，母子同投入火中，肉熟，山神告知仙人。一切智光明聽見山神所說，心中悲痛萬分，說偈言，寧可自己殺身破眼目，受種種痛苦，也不忍食衆生肉，並發誓：願我世世不起殺想，常不食肉，入慈心三昧，直到成佛，永守不食肉戒。說完誓，投身火中，同兔母子一起命終。釋尊說：當時兔母便是我的前身，兔兒即我子羅睺羅，一切智光明仙人，便是今彌勒菩薩。所以「大乘本生心地觀經」中說：「彌勒菩薩法王子，從初發心不食肉，以是因緣名慈氏，爲欲成熟諸衆生，處於第四兜率天，四十九重如意殿，晝夜恒說不退行，無數方便度天人；八功德水妙華池，諸有緣者悉同生，我今弟子付彌勒，龍華會中得解脫；於末法中善男子，一摶之食施衆生，以是善根見彌勒，當得菩薩究竟道。」

如果說：必須自己所修學的，和菩薩的願行相應，才容易蒙攝受，而往生兜率，那麼學菩薩的最初因地發心，或者，比修唯識更能得菩薩之心。因此，西藏所傳的彌勒修法，開頭便是先發四無量心，用意可能在此。

總之，是否修學唯識，和往生兜率淨土，乃是兩回事。學唯識的，不一定就願上生兜率，親近菩薩；不學唯識的，同樣可以往生兜率，蒙慈氏的攝受。

㈥、彌勒淨土的殊勝

慧廣

前言

某一個時代中，一個佛教法門的勃興，必然是適合那個時代中衆生的根性，以容易修學爲主，近代淨土法門的盛旺，便是如此。

本來，佛由人成，成佛乃是當生的事，絕非在死後，這可以從釋尊本身和原始佛教中獲得證明。釋尊少年出家後，經多年苦修，難忍而忍，難行而行，無非要求證佛道於當生；原始佛教中，多少出家弟子，精進修持，皆以證得阿羅漢果爲目標。阿羅漢，翻成中國話是應供，這是佛陀的十號之一，可見證得阿羅漢果，便是初步的成佛。如來正法眼藏所在的禪宗，更以「明心見性，見性成佛」爲宗旨。這都可以說明佛由人成，成佛乃是當生的事。

後來，大乘佛教興起，談起成佛，便要三大阿僧祇劫，經過如此久遠時間的修行，所成的佛，才是究竟的，而貶斥阿羅漢爲不究竟。當然，大乘所說的成佛，乃是萬德莊嚴、三身圓滿的果地佛；證阿羅漢果或禪宗的見性成佛，成的是因地佛，所以，從果來看因，自然便覺得因地是有所缺和不究竟了。然而，不容否認的，果從因來，沒有因，那有果？以凡夫身來說，先證阿羅漢或明心見性，成了因地佛，再進修趣向圓滿的果地佛，乃是正確的道路。可是，有些大乘佛教的信仰者，卻不作此想，反而誹謗精進修持的人，爲小乘行者，只顧自己了斷生死，不管衆生死活。其實，我們試想想看，一個凡夫衆生，雖然此生已學佛了，但此生過後，再生爲人，前生已盡迷忘，能否再學佛，實在很難說，如此，又怎能在三大阿僧祇劫中修行，以至成佛呢？更何況凡夫三毒未除，隨時有可能造作惡業，則難免墮入地獄，求出無期，想要成佛，那更是夢想了！所以成佛必經三大阿僧祇劫，或許不是從凡夫身算起，而是從已入因地佛的聖地，決定不退於無上道的聖者算起。因爲凡夫修行有進有退，如果不慎造作惡業，受報入地獄，則要成佛，豈只是三大阿僧祇劫？怕要在無量祇劫之後了。

小乘佛教的教理，雖然不如大乘的圓滿究竟，但因踏實，適合凡夫修學，所以小乘佛教中修學有成的聖者，實在不少，都於生死中能夠自主，解脫三界束縛，這是小乘佛教的優點。大乘佛教，除了禪宗，把握了佛陀的基本精神，出了不少的聖者之外，其他各宗行者，大多只是凡夫。發心雖大，度化衆生也不少，而自己在生死問題上，則不能自主，又如何能成佛呢？三大阿僧祇劫的時間，對凡夫來說，是不可思議的，這是大乘佛教的缺點了。爲要彌補這缺點，淨土法門便應運而生。淨土法門的殊勝，是讓那些發大心，行菩薩道，志求圓滿佛果，而自己尚是凡夫，怕在死生中退墮的人，臨終時求往生諸佛淨土。淨土是由諸佛願力所成，不論正報依報，都非娑婆所比得上，又有佛和諸菩薩的教化，往生其中，自然能夠安心的修行，等到證成因地佛，受生入死，不會迷墮了，再回來娑婆行菩薩道，從事三大阿僧祇劫成佛的修行。

在原始（包括小乘和禪宗）佛教中，由於直承釋尊佛由人成、成佛在當生的精神，所以便不必有淨土法門。原始佛教（至佛滅一百年間）中，並無淨土法門的存在，佛弟子亦不求生淨土，就是如今的南傳（小乘）佛教，和我國正統的禪宗，也不知信、不重視、不求生淨土法門，行人只要精進修持，當生必可解脫生死，不然，只要受生數次，便可以成辦。由於有修持法力薰持，雖然受生有隔胎之迷，但終必醒悟，而出家向道修行，自不必求生諸佛淨土。（淨土雖然殊勝，可是論到修行成佛，還是在娑婆較快的。）反過來看，大乘佛教的行人，以利他爲主，發心雖可貴，旦修持有限，在功力上，自然比不上原始佛教行者，也沒有他們的自信，因此，非求生淨土不可了。結果，變成佛由天成，成佛在死後，這是不符合釋尊立教的基本精神的，所以有識之士乃稱淨土法門爲學佛的異方便，這乃是捨究竟而取方便。雖然如此，佛教中卻不能沒有淨土法門，特別是大乘佛教，從各宗都入式微之際，而淨土法門一枝獨秀，就可以獲得明證。

前面說過，諸佛淨土是非常莊嚴的，但十方有佛無量，淨土也就無量，無法一一了知，這裡，所要介紹的，是存在欲界第四天兜率內院的彌勒淨土。這個淨土的殊勝處，現在分幾點來說明。

1. 適合今時眾生的根性

放眼觀看今時大多數學佛人的根性，和古人比起來，似有天壤之差。

佛法初傳的數百年內，佛弟子都能直承釋尊的根本精神，努力修持，以當世證悟，獲得解脫生死為主，就是佛滅後一千年間，釋尊的精神也還存在大多數佛徒間，如我國唐宋禪宗的興旺，便是一個證明。到了佛滅二千年後的今時，釋尊成佛在人間的精神，可以說已消失殆盡了。在今天，佛教的修行人，敢於企望當世就證道，如禪宗所說「明心見性，見性成佛」的人，真是鳳麟了。求生淨土的思想，完全包辦了台灣佛教界的修行。這是好？是壞？已是另外的問題了，時勢如此，不得不接受這現實。

佛教的原始精神，是要求修行人戒定慧三者的成就，這在我國禪宗還興旺以前，是被實踐着的，等到禪宗式微，極樂淨土宗隆勃，佛教徒已少有慧上的成就了（慧是指般若的開顯），因爲淨土宗並不求開悟，只以能達到一心不亂的禪定爲主，如此便能有十分的把握，而得帶業往生淨土，再來求證無生法忍，所以現世實踐了的只是戒和定。可是，到了今時，已有每況越下之勢，連定也實踐不來了。修持念佛的人，心裡應當有數，自己念佛多年，能否一心不亂？也可以訪問其他同修，是否念到一心不亂了？能夠的，怕又是很少了。因此，又除去了定，今天的佛教徒所能實踐的，只剩下戒。時勢如此，這或者是偉大的太虛大師，所以提倡人生佛教，宏揚彌勒淨土的原因吧？因爲人生所注重的是道德，禪定雖可貴，卻已是出世間之物，要人間和樂則是在人人有道德上，禪定可以居次，所以人生佛教是以戒為主，因為持戒能夠使人有道德；彌勒淨土是在欲界的兜率天上，要往生便不以修禪定為主，原因欲界還是散地，只要修了人天福德，發願就能往生，不一定要一心不亂的。而人天福德，從道德中來，便要持戒。因此，彌勒淨土所依的經典：「觀彌勒，菩薩上生經」，便以持戒聞名的優波離尊者當機而說，這等於釋尊在顯示，往生彌勒淨土以戒為主。以戒為主修的彌勒淨土，是最適合人生佛教時代了。

釋迦佛法的流傳，我們可以分作幾個階段，先是佛乘階段，然後是阿羅漢乘、菩薩乘，以及目前的人乘。佛乘是釋尊在世時，以佛為主，一切法門皆以佛為歸；阿羅漢乘則自佛滅後至大乘佛教興起以前，是阿羅漢主化佛教的時代，修行人以證得阿羅漢果為最高的成就；菩薩乘則從大乘佛教興起開始，是以菩薩為主，由菩薩所領導的佛教時代。怎樣才能算是菩薩呢？必須先證入佛法空理，無我而大公天下，如印度的馬鳴、龍樹、無著，我國佛教各宗的創始者，以及近代的太虛大師等。總之，對佛法有所證悟而行菩薩道的，才可以稱是菩薩。到了現代，對佛法有所證入的，已不用有了（少數例外），當今聞名於教界的大法師大居士們，雖然多少也在行菩薩道，但我法未空，未空即有所執，便不能達到菩薩大公天下的境界，只是發心學菩薩的凡夫，所以說是人乘（人間佛教），是由人主化佛教的時代。

從凡人進修到成就佛道，釋尊開示了戒定慧三學，三學中戒居首，乃表示凡夫要學佛，必須以戒爲主，沒有戒是不行的。佛教到目前，已蛻化到人乘階段，要從今天的教徒中找出完全的菩薩根性、阿羅漢根性的人，可以說很少了。因此，教界的有識之士，便推出人生佛教（太虛大師）人間佛教（星雲大師）人乘佛教（聖開大師）來適應今時衆生的根性。這些新派所注重的是人間的安和福樂，而戒正是用來達成目標的方法。往生彌勒淨土以戒爲主修，最適合人乘時代的佛教，和今時衆生的根性。修持戒律，生時能促進人間的安和樂利，死後能往生兜率天彌勒菩薩處，高見之士，相信都願修持和弘揚彌勒淨土法門的。

2.出生快、成佛也快

本人最近曾翻閱大明高僧傳，在卷四釋真清傳中記載著：真清法師十九歲出家，出家後，即依寶珠和尚參禪，二十五歲獲得開悟，後來禪教俱弘，並修極樂淨土業，禮大小彌陀懺六年，曾在夢中感見西方三聖，指示戒香薰修，五十七歲謝世往生，臨終前，弟子問往生屬於何品位？真清說：我中品中生……

西方教主阿彌陀佛，因地發四十八願，其中第十八願：十方衆生，至心信樂，欲生我國，乃至十念佛名，即得往生（犯五逆罪，誹謗正法者除外。）所以，一般人求生極樂，或多可以如願的。只是，往生雖容易，要從蓮花中化生出來，以至見佛聞法，卻隨品位的高低而有快慢。觀無量壽佛經記載：往生的衆生共分有三品九生，除了上品上生和中品上生，隨到蓮華即開，得見佛聞法外，其他上品中生和下生的，要一夜及一日一夜才能從蓮華中生出，七日後才能見到佛；中品中生和下生的要七日才能生出；下品上生要四十九日，中生要經過六劫，下生要十二大劫才能生出。這裡所說的時間乃是極樂世界的，據説：極樂世界的一日一夜，娑婆世界已過一小劫。所以，如果下品往生的話，等到從蓮華中生出，娑婆世界當已經過了無量數、不可思議的時間了。

從前面所引，大明高僧傳，真清法師的事跡來看，今人大多只能往生下品。像真清法師年青時即參禪有悟，後來又勤修禮懺，結果只得到中品中生。一般來説，人類可以分爲三種，即上等人，中等人，下等人。上等人即屬於佛法中菩薩根性的人，道德修養高，智慧正見，自然能往生上品；中等人則能不作惡，但亦不積極爲善，如佛法中阿羅漢等，能往生中品；下等人則比比皆是，作善不足，爲惡有餘，雖然受了佛法戒，卻常毀犯，心裡也知慚愧而懺悔，但惡習重，過後不久又犯了。這是大多數佛教徒的通病，目前的佛教徒以此類下等人爲多，自然只能往生下品了。

下等人也能往生諸佛淨土，共享佛的殊勝依報，已是三生有幸了，但美中不足的是：出生太慢，浪費了無限的時間。這對於下等人也具有菩薩慈悲心腸，不忍見無數衆生在受苦，企望早證無上佛道，以度化衆生的，將是個很大的遺憾！因此，在歷史上，我們可以看到，有很多的高僧並不求生淨土，而願再生於此娑婆，在此土修行，是比在諸佛淨土修行，較快成就的。但今天的修行人，功力比不上古德，信心不足，怕在轉生後受到隔胎之迷，不知再學佛，而遭到退墮，所以仍以求生淨土爲妥。

在諸佛淨土中，有沒有下品人往生，隨到即受生，而能見佛聞法的呢？有，便是當來下生彌勒佛的兜率淨土了。十方諸佛淨土或許是永久存在的，不然也都能存在非常久的時間，所以不在乎往生者經過多久才出生。兜率天的彌勒淨土，它的存在則是有時限的，只有該天的時間四千年，約人間的時間五十六億年，過後彌勒將下生娑婆世界成佛，所有往生兜率，親近彌勒的天人，也都隨同下生人間。兜率淨土的存在只是暫時的，所以往生者必須隨到即生出。「觀彌勒菩薩上生經」說到下品往生者「值遇彌勒，頭面禮敬，未舉頭頃便得聞法，即於無上道得不退轉。」這是往生兜率淨土，出生快，馬上就能見佛聞法，連帶的成佛也就比較快了。

3.同一欲界　近而親切

在佛經中，說到諸佛淨土，總是離娑婆世界很遠，遠到凡人無法思議的階段，譬如：東方藥師佛的琉璃淨土，經說：「東方去此過十恒河沙等佛土。」（見藥師琉璃光如來本願功德經）西方阿彌陀佛極樂淨土，經說：「從是西方過十萬億佛土。」（見阿彌陀經）試問：從有人類以來，誰算過而知道印度的恒河共有多少沙？更何況是十個恒河沙的國土；誰見過一萬億的國土？不用說十萬億了。雖然，我們信得過佛語不虛，佛是不妄語者，但總是距離凡夫的知見太大，令人覺得這只是遙遠的理想，並非現實間的事。據說：小乘佛教不信仰淨土法門，原因可能在此。

彌勒淨土則只是在天上。佛法分天有欲界天、色界天和無色界天，其中欲界天共有六個，彌勒淨土便在第四的兜率陀天上。該天的特色是知足，天人都知足常樂，不會對五欲過分的貪求，所以補處菩薩在成佛前，選擇此天居住並設立淨土，以攝受未來成佛要度化的有緣眾生。

在娑婆世界上，如果有位道行很好的大德，找了一個清淨的環境，創立一個道場，相信會有很多人去那裡親近修行的。彌勒菩薩久已成佛，只待緣熟再示現八相成佛，以度化有緣而已。所以他的道行，不是人間任何一位大德所比得上的。而菩薩所建立的道場，其環境的清淨優美，不用說，更是人間的任何道場所望塵莫及的。在人間，不但師父、道場比不上彌勒淨土，人的壽命更是短的可憐，常使人興起事未成身已亡之歎！並且有種種逆緣違害修行，但在兜率天上，就没有這些了，壽命有天上的四千歲，約合人間的五十六億歲。命盡時，娑婆世界已轉化爲淨土，彌勒下生成佛，我們亦隨著下生，不離於佛，而能時時聞法，壽命也有八萬四千歲。或者，有人會問：那時命終之後呢？其實，經過了那麼久的修行，我們早已證果，生死自在，不會再退失菩提心了。就是那時命終之後，同樣能親近諸佛，再未來亦然。上生經中說：「於未來世值遇賢劫一切諸佛，於星宿劫亦得值遇諸佛世尊，於諸佛則受菩提記。」

但是，彌勒淨土最令人稱道的，還是離人間很近，同在欲界，這是很容易令人相信和接受的。其他諸佛淨土，由於超出了凡夫三界，所以便離我們人間很遠，要往生也就必須具備非常的資糧。這對凡業重的衆生，心中總免不了畏難。在兜率天上，生活習慣和人間一樣，世間所有的，天上都有，而且殊勝的太多了。往生那裡，不會失去了什麼，只有豐富了原有的，同時還增加了許多所想得到的；凡人的欲樂具在，又有佛法的悅樂。凡業重的人，爲什麼不求生其中呢？

4. 教主與此土眾生因緣很深

本師釋迦久已入滅，弟子親近無門，雖然法身常在靈山，卻非泛泛凡夫可見。彌勒菩薩居住在兜率，有固定的處所和色相，所以爲本師釋迦付託遺法的諸大菩薩之一，在佛入滅後，拱衛佛法，護持佛弟子者。同時，我們都知道，彌勒又爲本師釋迦牟尼佛授記的此土未來佛，將在人壽八萬四千歲時，下生成佛。成佛後，龍華三會說法中，所要度的便是現在和釋迦佛法結有因緣的衆生。因此，如今的我們，也就是未來龍華三會中的人，凡是釋迦佛的弟子，自然也是彌勒佛的弟子。兜率教主，和我們的因緣，真是很深很深的了。

在古代的印度，常有阿羅漢，以神通力上昇兜率天宮聽聞彌勒菩薩說法。如法顯所寫，記載他赴印度求法事跡的「佛國記」，裡面談到：北印度陀歷國有尊彌勒像，靈驗非常，乃是佛滅後四百八十年間，有位阿羅漢，以神通力帶雕塑家上兜率天，親睹菩薩慈容，然後下來雕造的。古代的高僧大德，對佛法有疑，更常上兜率詢問彌勒，如印度的無著，數上兜率，並請菩薩下降印度，演說瑜伽師地論。玄奘在所著「大唐西域記」卷四也談到：印度有位名天軍的阿羅漢，常往來兜率天，有位德光論師，對法有疑，願見慈氏，決疑請益，天軍便以神通力帶上天宮見彌勒菩薩。慧皎的高僧傳卷三載有：智嚴未出家時，曾受五戒，而有虧犯，後來出家受具足戒，修禪多年不能成就，懷疑可能未得戒體，便乘船往印度，訪問高明，遇到一位已證阿羅漢果的比丘，智嚴便請問他，羅漢不敢判決，便入定往兜率天宮問彌勒。晉朝，佛法剛傳來不久，經典未具備，有名的道安大師，對佛法常有疑，也發願上生兜率，請菩薩決疑。這些事蹟，已足以說明，一生補處彌勒，實在是本師釋迦滅後，佛弟子最上的依怙處。

彌勒菩薩和釋迦佛都以度化娑婆衆生爲志，所以只要和佛法略結有因緣的，便已在菩薩攝受中。「生經」第四卷載有：佛世時，印度有五百位童子，常結伴出遊，因此而得看見非常莊嚴絢麗的佛塔，五百位童子都對佛塔留下深刻的印象。有一日，一同到江邊，大家便以沙造塔，互相遊戲。不幸那時山中下大雨，童子們不知驚覺，洪水暴流，漲溢出江外，躲避不及，全被水所淹死。但因生前曾見塔歡喜，又曾造塔，已和佛有緣，命終便上生於兜率天，見彌勒聞法，試想，五百童子只以造塔的因緣，便爲彌勒所攝受而生於兜率，我們已修學佛法，願生兜率的，菩薩自然是更加攝受，必定上生無疑了。

再談到彌勒菩薩與此土衆生緣最深的地方，可從菩薩化身爲布袋和尚來說明。中國的佛教徒談到彌勒菩薩，大多數都沒有什麼印象，不如大智文殊菩薩、大行普賢菩薩、大悲觀世音菩薩、大願地藏菩薩，來的有印象，可是對布袋和尚，則人人都有很深刻的印象。每一間寺院都有布袋和尚，他是坐在本師釋迦像前，也坐在吃飯的齋堂前，樣子是那麼令人喜愛，露著大肚子，總是開口歡笑，不但佛教徒見了高興，不信佛教的人，見了也高興；大人喜歡他，孩子更喜歡他，一切衆生無不喜愛！他就是彌勒菩薩所化身，來和衆生結緣的。

只要有人見了此像心生歡喜，便已和佛有緣，已爲菩薩所攝受，命終便有可能往生兜率見補處佛。因爲「上生經」中說：「是諸大衆（四衆與天龍八部）若有得聞彌勒菩薩名者，聞已歡喜、恭敬、禮拜，此人命終，如彈指頃即得往生（兜率天上）。」不然，也將在未來彌勒下生成佛，龍華三會說法中受度。可見兜率淨土教主與娑婆衆生因緣的深。只要和佛法有緣的，都已在菩薩攝受中，要往生兜率淨土，自然便比往生其他淨土要容易了。

5. 上生兜率修法　不廢有為事業

人世是現實的：凡六根接觸得到，有跡可尋的，都是存在於現在的事實。億萬年可在現前的一念心中，便不曾過去，也不在未來。或者說，過去未來都存於現在中，現在是主、是個關鍵，消滅了現在，則時間的三世不可得，空間的廣大也烏有了。所以要追求永恒，就要了解現實；要開悟不變的佛性，更非把握現實不可。

佛性是一切衆生存在的依柱，宇宙萬物更依佛性而安住。一切衆生、宇宙萬物、空間、時間更依佛性而有，而佛性包容這些，又超越這些。因此，在佛性中，沒有空間、時間，更可以沒有一切衆生和宇宙萬物。則佛性便是個空了；空是永恒、不變，所以是個現實。

從表面看來，人和物有生、有死；有住、有異，便有過去和未來。堪忍世界是多苦的。一個人，如果在他過去的歲月中，曾有美好甜蜜的日子，而目前是不如的，甚至非常不幸的，他便會回憶過去，以過去爲好，不願樂現在，心不存於現在中，不做現實間應做的事情。那他必當成爲怪人，也當爲正常的人間所遺棄；將心放在理想的未來，忽視了現在，也是一樣。

現實的意謂，除了現在外，更重要的，還是圍繞於現在的一切事情。因爲現在是無形的，必須藉事情才能顯示出來，如：我們現在在吃飯，我現在在工作……總之，現在中有很多事情，於必須的資生外，還要不離時俗。因此，現實是有爲的、造作的，也就是世間法。

佛法則是要使人解脫世間的學問，所以是出世的，也便是無爲之法。雖然，佛或佛法亦不離現實，但卻有別於世人的現實，而是太虛大師所說的「真現實」者，世人的，只能說是假現實，因爲凡人不能完全生存於現——現在中，人心有時沈迷於過去，有時又在未來的夢想中，儘管過去未來同爲現在，但凡人不覺，就如身中雖有佛性，因爲不覺，只能說是衆生，不可稱是佛一樣。

無爲法和有爲法，在凡人眼中是相違背的，所以追求無爲法的人，便要出家，亦即出世，才能達到目標。釋尊因此捨棄王子位，進入山林修行，佛弟子也剃髮離俗，行頭陀於水邊林下，就是共住的地方，也是有別於俗家的伽藍、蘭若。這是從凡夫追求佛法解脫必須的行爲。

可是，從一般人眼光看來，卻是脫離現實的。在他們不學佛、不了解佛法的觀念裡，人類是要有家室，男女結婚，有事業，人人互相助益的。這便是人世間的現實，佛法可以說大多違背了，因此，以團體而存在的佛教，要長久違背人世的現實而仍能生存，似乎便有了問題。原始佛教後來演變爲大乘佛教，便有可能受此影響。大乘佛教是入世的，這多少是遷就人世的現實，以保佛教的長久生存。因爲現實是利害的，如民國以來，政府便鼓勵宗教應該多作社會救濟方面的慈善工作，如果佛教置之不理，便會受到毀滅，大陸上便有多次，要將佛教寺廟興辦學校的議案。

佛法根本上是出世的，追求無爲法的，但因受到現實的影響，必須入世，造作有爲事業。雖然，大乘佛教因此强調般若——空的道理，以色即是空，一切生產業，不礙實相，更說，真空必生妙有，不可像小乘的阿羅漢沈空守寂。可是，這在凡夫，談理容易，要實行起來則困難了，所以只得在命終求生淨土彌補了。因爲現實環境的影響，此生但能隨緣修行，並沒有達到成就，只好生到淨土，來全心修行，以便有成就。這實在是不得已，卻是沒有辦法的。

因此，在目前，佛教的修行人，造作有爲事業是不能避免的。那麼，如何使造作有爲事業不礙於所修？甚至做慈善的有爲事業正是修持。由於受到環境的影響，今天的修行人，所修的大都是求生淨土，而佛所說與此土有緣的淨土，則有多個，如東方藥師佛淨土，西方阿彌陀佛淨土，再就是兜率天淨土了。其中，兜率淨土由於在天道，只要修人天福德就可以往生。人天福德是什麼呢？人是守五戒，天兼行十善，再加上布施，也就是廣作善事功德。如此，佛教所應做的慈善工作等有爲事業，並不妨礙求生兜率淨土的人。反之，正是必須集聚的功德，「上生經」中說到求生兜率的人，應該「精勤修諸功德」。

因此，兜率淨土法門，是可以和有爲事業並行而不相妨礙，反能互相助益。這是非常適合蛻化至人乘的佛教的。因爲不廢有爲事業，能對人間有很大的貢獻，像唐朝求生兜率的玄奘大師和近代的太虛大師，他們都有顯赫的事功，對人間的貢獻是足垂千秋的！

6. 迴天上淨土於人間

在社會上，常常遇到這種事：不信仰佛教的人，一口咬定學佛者是消極，出家人是逃避現實，這雖然是對佛教教理不了解所產生的誤會，但我們自己檢討，的確有不少佛教徒確是消極與逃避現實的。

佛法根本教理在四諦，四諦以苦爲開首，認識了人生世界是苦，才使人想要學佛，以求解脫苦。苦下以諦稱，表示這是真理，日月可停，須彌可倒，佛說四諦無人能推翻。因此有很多學佛的人便執著苦諦，結果：人生世界既然是苦，我要它做什麼！一切都可以不必了，走上灰身滅智的境界，如此怎能說不是消極？不是逃避現實呢？不知世間沒有不變的真理，從究竟本際看來，佛說一大藏教都是方便法。衆生本無病，有的只是假病，佛自然開出假藥來對治。世界人生已是假，虛相安立，從何說苦？只因爲人類不知其假，佛才以苦來喚醒衆生，認知其假，佛的用意並不在苦上，這可以從小乘經教中，佛多說無常、苦、無我、不淨的道理，到了入滅前，卻斥此爲四顛倒法，以常、樂、我、淨來代替，從此，這才顯出佛說苦的真正用意所在了。遺憾的，卻有不少佛弟子不了解佛意，執著苦不放，而走向消極，逃避現實的路上。

正因爲如此，才引起了教内的有識之士的革命，產生了大乘佛教。大乘佛教是積極的，正視現實而不逃避，所以是入世的，以救度他人爲主，自初發心學佛，到成佛爲主，從不離開衆生；乃至成佛以後也如此，像過去正法明如來，倒駕慈航，今作觀世音菩薩。因此，真正的大乘行人，願世世都和衆生出生在一起，來度化他們。這種人是較少的，尤其在教風日下的今天，多數只是有心於大乘，而感力不足，還是求生淨土爲妥。然而，求生淨土的真正含義是什麼呢？有人以娑婆惡濁，所以求生淨土，希望永遠不再來了。這種想法實在違背了大乘的教理，又步入消極、逃避現實路上了。淨土雖好，只可作爲我們暫時依住修行的地方，等到我們修成不退了，在情欲、生死上能夠自在了，就要再迴入衆生界，行菩薩道，度脫衆生，化苦濁的世界也成淨土，如此，才符合大乘佛教的主張。

兜率天的彌勒淨土，在我們所知的諸佛淨土中，是最能表現大乘精神的。它只是暫時的存在，往生那裡，自然也只是暫時的，未來，彌勒將要下生此土成佛，我們也都一同回來，助佛宏化，教度衆生。淨土便由天上轉到人間來了，彌勒淨土也是在這個世界上的。化五濁的娑婆爲淨土，是彌勒的心願，也是求生兜率淨土的人，所必須共同從事的。世界如何才能成爲淨土呢？唯有人人行清淨業，注重道德。要清淨，有道德，那就非靠戒不可了。而上生兜率，正以戒爲主修，「上生經」中說到「應持五戒、八齋戒、具足戒……修十善法。」因此，修彌勒淨土法門，無形中，便是在做著淨土世界的工作。同時，彌勒又是當來這個世界成佛的，「本願經」中說：「當未來世，衆生有無垢穢，奉行十善，於淫、怒、痴不以經心，爾時彌勒當得無上正真之道，成最正覺，所以者何？彌勒菩薩本願所致。」爲了人人都能奉行十善，去除三毒，以感彌勒下生成佛，行人就要積極的去宏化，不只是自修而已了，因此，能對人間有極大的貢獻。

總之，彌勒淨土是在天上，也是在人間；是天上與人間兼顧的淨土，不因求生淨土，而遺棄人間，這是它的最大殊勝處。求生其他淨土，總要顧彼失此；欣樂淨土，厭苦娑婆才能往生，多少是違背現實，對人間少有貢獻的。同時，往生其他淨土的人，不一定會再回來，人間是要被遺棄的。就算回來，也不知是那一劫的何年何日了；生在兜率淨土，則人人都會回來，時間不久，同在賢劫，本師釋迦是賢劫中的第四位佛，彌勒是第五位。彌勒成佛時，如今求生兜率的人，便都一同下生參與盛會，彌勒淨土也從天上回到人間來了。

這才是不捨娑婆，能實踐菩薩道；不消極和不逃避現實的大乘行人！

7. 國土的莊嚴

最後，來談到兜率彌勒淨土依報的殊勝。在佛說觀彌勒菩薩上生經中，對兜率天上國土的勝妙莊嚴，有扼要的介紹，爲了容易瞭解，本人特別將它譯成語體文。先看外院：

天人所居住的地方，都是由寶物所造成，因此叫做寶宮。這寶宮共有五百億之多，每一寶宮都是七重的低牆嚴飾，這低牆是由最珍貴的七寶造成，所以光明照耀非常，勝過日月。同時，有蓮華，和七寶的樹木，都排列的很整齊，樹葉中映出寶色金光。有和寶宮一樣多的天女，身上都掛著很多名爲瓔珞的珠玉，以莊嚴美麗身體；並從瓔珞的樂器中，奏出很美妙動聽的音樂，樂聲中的意思，乃是在講說能使修行人不退轉的佛法。天上的寶樹，都生著果子，顏色非常鮮美，以紫白紅碧的玻璃色爲主，再含攝所有的一切顏色於內。天上的光明從右旋流轉，旋轉中便有各種聲音，聲音中乃說著大慈大悲的道理。寶宮的七重牆，雖然叫做低牆，卻也有人間七八百里之高，厚也有二百里左右，因爲天人高大，所住的寶宮也高大，自然是不同於人間的。在牆外，有許多龍王來往，時常降雨給整齊排列在那裡的寶樹，使樹長的繁茂優美，爲寶宮生色不少。同時又有輕風，吹動寶樹，樹葉和枝幹互相接觸，便形成了苦、空、無常、無我的佛法道理，使天人聽了，都生起趕快修行，以解脫三界生死、六道輪迴，到達究竟永恒的佛地之想。

再來看彌勒菩薩所住的內院寶宮的勝報莊嚴：

這寶宮是由具足一切最美好顏色的寶珠所造成的，共有四十九重，同時有欄楯圍繞宮外，欄楯也是用珍寶合成的。那裡有很多的天子和天女。如果天子手中拿著蓮華——這蓮華也是七寶所合，因此會映出很大的光明——光明中便有一切樂器，不必彈奏自然會響，當音樂聲起時，天女便載歌載舞，所歌唱的是十善、四弘誓願的道理，使天人聽了，都發起無上菩提心，願修行，願成佛。在所有的牆外，都有青、黃、赤、白、紅、紫、碧、綠八種顏色的琉璃水溝，這溝也是用很多的寶珠所合成的。溝中的水都是具有清、輕、冷、潤、香、美、不損喉、不傷腹的八味水，又叫八功德水，具有八種美麗的顏色。如人間噴水池的噴泉，水會上湧至寶宮，圍繞在梁棟間。在寶宮的四門外，各有四朵蓮華，八味水便是從華中流出。在所有蓮華上，都是二十四位天女，身體窈窕細軟，膚色香潔美妙，猶如諸菩薩，都有很莊嚴的身相。手中如果拿著寶器，自然天上的甘露美味便充滿其中。這些天女或歌或言，常讚歎菩薩六度的能解脫生死，獲得究竟涅槃。如果有人往生到兜率天上，便會得到這些天女的服侍。寶宮內又有七寶大獅子座，高有六十里左右，更是用無量的衆珠寶造成。座的四角各由蓮華承托著，蓮華更是集百種寶物而成，每一寶都放出非常的光明。且有衆寶交雜的莊嚴寶帳，帳邊掛有十萬梵天王所獻的妙寶鈴，也有寶羅網覆蓋在帳上。座上則以寶蓮華爲布，有寶女手執白拂侍立在帳內。至於寶宮的四角，各有四個寶柱，每一寶柱中又有百千個樓閣，都是以天上的摩尼寶珠而為瓔珞。在所有的樓閣間，更有百千位天女，顏色美麗無比，手裡拿著樂器奏樂，奏的是佛法中修習苦、空、無常、無我，以達到究竟涅槃彼岸的道理。總之，在兜率天宮裡，一切景色都是非常美麗的，所有天女更是端莊美麗。因此，十方無量諸天的天人，在他們命終時，都發願要往生到兜率天宮。

談到諸佛淨土，都是沒有女人，無有女相的，唯有彌勒的兜率淨土，示有女人，這是因為兜率淨土乃是彌勒創立的方便淨土。

飲食和男女是人類的兩大慾望，要斷除不是那麼容易的，雖然淫慾是眾生生死輪迴的根本，要解脫生死，非斷淫不可，但卻不是一蹴可及的，能夠斷淫的人畢竟是少數。比方來說，出家是斷淫以至解脫生死之門，但學佛而出家的，十人中可能不到一人，其餘還是為淫念所縛，走上結婚、在家學佛的路子。因此，大部分人在學佛修行中，都必須同時兼有一些世慾，一下完全斷淫，反而會出問題，只要世慾不致太影響佛道的修行就好。

兜率淨土示有女人，用意將是如此。凡夫男女之慾尚斷不了，想往生淨土，但一聽到淨土無女人，可能就没有興趣往生了。大慈的彌勒尊佛便在他的淨土中，權現有天女，以接引欲界衆生。雖然有天女，但不同其他天上的天女，經中說到：天女歌唱的都是佛法：十善、四弘誓願、菩薩六度，以及苦、空、無常、無我的道理，使天人聽了，都發起無上道心，而精進修行。可見兜率淨土的天女，是修行人的助緣，有益於修行的，不會因此而使往生者爲女色所迷，退墮佛道。

有人或許會說：有男女便難免會有男女之慾，這對於在人間就已厭離了慾，像出家人，往生到兜率淨土，卻反而嚐受起慾樂來了，豈非在修行道上，向後退步了？其實，並非如此，內院中雖然也有天女，只是服侍掃灑之用的，不可說有男女，就一定會有男女之慾。在我們人間雖有男女，但佛教的道場，仍是清淨的，不會受到影響，出家人仍然照常斷淫修行，不受女色的影響，人間尚能如此，難道說，補處菩薩所特設的淨土，反而會不如人間嗎？從兜率分有外院和內院來看，就可以知道，內院中是清淨無慾的，不然又何必分內外院呢？凡是在人間已能斷淫離慾的，生到兜率仍然如此。

那麼，如果在人間修行，還不能離慾的，生到兜率又將如此呢？自然仍是有慾樂供享受，只是天人慾念比人間淡薄，不過男女相視微笑，便已滿足，豈像人間那麼粗穢！而且，兜率是知足天，天人常能知足，所以雖享慾，將不會太過，因此，無礙於佛道的修習。對於一時無法斷淫的在家學佛者，兜率淨土確是個理想的生處。在有慾又能不妨礙修行的淨土中，時時見佛聞法，自然能夠不斷的向上昇進，最後，必可達到離欲而成佛！

弎

(一)、顯密融通兜率淨土觀

談玄

按：本篇密教修法，因文繁，佔用篇幅過多，而且密法非上師傳授，不能修持，讀者觀之亦無益，故加以略除。

1.引論

法身無相，悲含識而示形；悲願不空，應羣機而設化。衆生機有千差，設教亦成萬殊。爲韋提希說十六觀經爲往生極樂淨土之由來。其後兜率緣熟，復爲優波離尊者，說彌勒上生兜率天經，爲往生兜率淨土之肇始，方便雖有多門，實異途而同歸也。

蓋兜率法門者，顯密圓融，收機最宏，修因簡易，得報殊勝，實是圓頓無上之要道焉。故慈氏菩薩略修愈誐念誦法云：「若欲現世，不捨色身，速證慈氏宮；同會說法，得大悉地者，若依此愈誠念誦，必獲無上大悉地。」臨命終時，彌勒菩薩，放光接引，定得往生兜率淨土也。

好夢十因云：「夫悟入大菩提之道，專在善知識因緣」，依茲皈依彌勒大士，願求上生兜率陀內院，有十種因：

（一）釋尊付囑　釋迦世尊，將遺法弟子，皆付囑於彌勒，爲得度脫；我等應尊本師之囑，求生兜率淨土，皈依慈氏，乃不違釋迦世尊之遺命耳。

（二）古德往生　顯密大德，皆以往生兜率淨土爲第一義。如玄奘法師云：「西方道俗，並作彌勒業，大小乘師皆許此法。」無著、天親、道安、玄奘皆是兜率淨土往生者也。求其真言密教，法身如來，自受法樂，以虛空爲道場，以法界爲語表，無一處不是道場，無一塵不是法身，是以法界海會，普賢金剛手等，以加持示現，身語意表，無盡莊嚴藏，各引無量當機；同入法界曼荼羅，法界曼荼羅者，即兜率天宮也。

（三）本誓深重　大日經疏云：「慈氏菩薩者，謂佛四無量心，令以慈爲首稱。」此慈從如來種性中生，能令一切世間不斷佛種，故曰慈氏。又云：「一切如來，必住四無量心廣度衆生，此四無量心，即慈氏菩薩之德故。」當知彌勒即大慈大悲大喜大捨之主也。又云：「自餘諸佛土，皆在娑婆界外，唯彌勒淨土，建立於忍土之中，」實爲大慈超越諸聖，本誓願力所加被下凡之故也。

（四）相光勝緣　釋迦世尊，雖示滅度，然遺舍利，猶存於世。往往能從舍利睹光明相好，滅罪生福，然兜率天中，光明相好常存。故經云：「凡上生衆生觀彌勒菩薩，眉間白毫相光，越九十億劫生死之罪。」可見彌勒菩薩與此界衆生之勝緣也。

（五）上生最易　玄奘法師云：「西方道俗，並作彌勒業，爲同欲界，其行易成。大小乘師皆許此法，彌陀淨土，恐凡鄙穢，修行難成。如舊經論，十地以上菩薩，隨分見報身淨土，依新論意，三地菩薩，始可得見報佛淨土」；豈容下劣凡夫，即得往生乎？

唯兜率淨土，廣攝末世凡夫之機。故上生經疏云：「凡夫得道者，各發誓願，不還無學，神通可往。」又云：「去佛時遙，病重行闕，受佛付囑，欣當佛度。」又云：上生兜率內院，上品上生者，具六事行法，即得往生內院，六事行法者：

㈠精勤修習福，敬、恩、悲田中，所作事等。

㈡威儀不缺，堅守諸戒，自往軌則等。

㈢掃塔塗地，修飾道場，整理制宜等。

㈣香花供養，四事什物，隨給濟等。

㈤凡夫行三昧，聞思定等。

㈥讀誦經典，演說修習，十法行等。

以上六事，具備爲上品上生，其中修一二種行者，亦得上生兜率淨土，所有福德絕不虛棄矣！

（六）密行相應　慈氏儀軌云：「修行互相無相，供養兼事兼理，移彌勒三密，於凡夫身中，開兜率內院，於當念之上，一生之中，成慈氏身，尚猶不難，何況於上生耶！」又云：「三密即成應化身，五輪五智是五分，五分盡攝法界輪，是故我今禮愈誐；愈誐即是慈氏尊，是故我念修愈誐；速證慈氏同一體。」慈氏儀軌共有十品，初四品正明供養，念誦軌則，下六品明造像、擇地等事。初序品，淨法界心真言；先觀覽囉字。三角智火，燒盡有漏五蘊色身，生長法身智身。次觀依報五字大觀，表金剛不壞身土。次觀本尊曼荼羅海會，召請諸兜率宮中一切內衆，所圍繞慈氏菩薩，奉獻閼伽、香華等妙供具，作懺悔隨喜等事；終則專持本尊真言，成凡聖無礙，一法界體性耳。四品大綱如是。廣在儀軌，故修彌勒法求生兜率者，皆與密行相應。

（七）臨終接引　凡信仰彌勒菩薩，兜率淨土者，生生接引，世世擁護，所謂彌勒菩薩之大慈，橫遍十方，豎窮三世，何處不至，何世不攝哉？又彌勒樓閣，周於法界，任受何生。皆不離此樓閣，故依彌勒所受依報，皆是兜率內院耳。

彌勒五大法身之智體，即吾人心中大慈菩提心也。因比彌勒與吾人，入我我入，元來一體，感而遂通，不壞假名，而有兜率往生；故經云：「但得聞是彌勒名者，命終亦不墮黑闇處，邊地邪見，諸惡律儀，恒生正見，眷屬成就，不謗三寶，」而得彌勒接引往生兜率內院焉。

（八）宗主殊勝　彌勒菩薩，有四重秘釋。㈠淺略釋：釋迦應世時之彌勒，初生婆羅門家，發心出家，爲佛弟子，扶持道化，是佛在時之彌勒也。㈡深秘釋：彌勒者，是蘇悉地院，八葉蓮華，持法界圓塔，與大日同德，掌普門之總宰也。㈢秘中深秘釋：彌勒者，即中台之大日如來，以𑖀阿字爲種子，塔婆爲三昧耶尊形，住法界定印，種子塔婆，定印皆與大日不殊耳。㈣秘中最深秘釋：彌勒者，即行者之自心，故儀軌云：「灌頂說法悟無生，慈氏大日同一體，毗嚕左那即慈氏，一生菩薩即愈誐。自心即是母地心，母地即是慈氏尊，三種無二元一體，是故我求如實智。」由此而知宗主之殊勝也。

（九）國土殊勝　華嚴經中，彌勒樓閣，即法界宮也。故儀軌云：「五輪所成之曼荼羅，謂先大宮界爲其所居，故豎橫無邊際，遍籠法界大宮，離因緣故。次有因不可得風輪。」秘藏記云：「下方虛空，謂心虛空，是虛空法身，其法身因不可得，已因不可得，無有塵垢，華色鳥聲，離能執所執相，無塵可得故。次有火輪，離塵相故。法法皆非言語之所行，是故有水輪，言語之所行，可破可輪，離言語故。法法常不生不滅，金剛常住，是爲地輪。此地輪上，所建立寶樓閣宮殿，故彼此容融，一多自在，是號兜率內院者也。」

（十）爲度衆生　諸佛出世，爲一大事因緣，故居初發心自力不足之地，未能依無所得大乘修諸萬行，因斯求生兜率內院，面見彌勒慈尊，然後同下閻浮，廣度衆生，豈不善哉！若論圓融心境，十方刹土，不離毫端，往兜率即往極樂，此土廣博，周遍法界，生極樂即生兜率，何有優劣之見乎！

2. 彌勒史略（略除）

3. 兜率天宮之勝境

十方三世，補處菩薩，將要成佛時，先生兜率內院；預備薰修勝業，莊嚴其處。所謂穢土中淨土也。——兜率天宮，有內外院之區別，皆勝妙無比，上生經云：

佛告優波離：兜率陀天，十善報應，勝妙福處，若我住世一小劫中，廣說一生補處菩薩，及十善果者，不能窮盡。今為汝等略說。

（一）外院　經云——

兜率陀天有五百億天子，每一天子皆修甚深檀波羅蜜，為供養一生補處菩薩，以天福力，告作宮殿，各各脫身旃檀，摩尼寶冠，是諸寶冠，化作五百萬億寶宮，一一寶宮，有七重垣，皆是七寶所成，每寶皆放五百億光明，其光化出，有五百億蓮花，其花轉作五百億七寶行樹，其樹葉有五百億寶色，其色有五百億閻浮檀金光，其光中出五百億諸天寶女，一一寶女，住立樹下執百億寶，無數瓔珞，出妙音樂，從樂音中，演說不退轉地法輪之行。其寶樹上，生果如玻璃色。一切衆色，入玻璃色中，是諸光明，右旋宛轉，流出衆音，其音演說，大慈大悲，甚深妙法。一一垣牆，高六十二由旬，原十四由旬。五百億龍王，圍繞此垣，每一龍王，雨五百億七寶行樹，莊嚴垣上，自然有風，吹動此樹，樹相接觸，演說苦空無常無我，諸波羅蜜。

以上所述皆是兜率外院，勝妙若此。

（二）兜率內院更爲殊勝。內院是彌勒菩薩所住，經云：

有四十九重，微妙寶宮，一一欄楯，萬億梵摩尼寶，所共合成。諸欄楯間，自然化生，無量億七寶蓮花，一一花上，有無量億光，其光明中，具諸樂器，如是天樂，不鼓自鳴，此聲出時，諸女自然，執衆樂器，競起歌舞所詠歌音，演說十善、四弘誓願。

諸天聞者，皆發無上道心。

以上所述依報莊嚴，悉表菩薩，內證聖智，見聞覺知，皆住菩提勝緣。

復次摩尼寶殿之中，師子妙座之上，有微妙寶帳，嚴飾以五百億衆寶雜花，百千梵王，自十方來，以梵天鈴，懸掛其上。又以寶網，彌覆其上，彌勒大聖，結跏趺坐，身量高大，十六由旬，頂上肉髻，紺琉璃色。毗楞伽寶，以爲天冠，化佛菩薩，住在其中。本師釋迦，來助其化。三十二相，一一帶五百萬億之寶色，八十隨好，各各出八萬四千之光雲。見者無厭，金山光耀，暉如朝日。梵聲深遠之唱，雷音響遍秋空，晝夜六時，演說不退轉法，諸天聽受，得道者無數，他方菩薩，駕驅雲集，上下諸天，遂願往生，皆兜率天宮之勝事也。

4.上生兜率之修法

(1)總論三資糧道

詳夫一切修持法門，不出信願行三，故此亦爲求生兜率淨土之資糧也。

（一）信　釋迦牟尼如來，所說如實語者，將諸弟子，遺囑彌勒慈尊，令悟道果，付囑慇勤，理無虛妄，故上生經云：「若有比丘，及一切衆，不厭生死，樂生天者，愛敬無上菩提心者，欲爲彌勒作弟子者，當作是觀，作是觀者，應持五戒八齋，及具足戒，身心精進，不求斷結，修十善法，一一思惟兜率天上上妙快樂，作是觀者，名爲正觀。」又未曾有經云：「下品十善，謂一念頃，中品十善謂一食頃，上品十善謂旦至午；於此時中，心念十善，止於十惡，亦得往生兜率天上。」論云：一念齋戒，能爲上品之修因，一遍稱名，以成彌勒之眷屬，其因甚易，其德尤大。昔有野干，心念十善，生兜率天，何況人爲萬物之靈，宿生多植善因，今又得聞佛法，若修持者，決定上生而至兜率陀天，則無可疑惑者也。

（二）願　法苑珠林云：「凡夫力弱，習惡固多，以往閻浮，其心怯弱，初學是法，恐畏退散，常發大願，扶持此行，乃至終心，無有障惱，隨種善根，願共含識，自在往生，彌勒內院，得至佛前，隨念修學，證不退轉。」又智度論曰：「有人修少福德，聞有福處，常願往生，及至命終，各生其中。」又十住論云：「若人發心求佛，不休不息，有人以指，舉大千世界，在空卻住，不足爲難！若發願言，我當作佛，是人希有！何故？世人心劣，無大志故。」因斯求生兜率陀天，常發大願，願爲當來，救度衆生，而生內院見佛聞法，得道果故。以普賢菩薩，十大願王，無邊法界，所修善根，皆悉迴向，無上正覺，生彌勒前，聞清淨法，悟無生忍。但行住坐臥，一生以來，所修善根，願共法界衆生，迴向彌勒佛前，速成不退。玄奘法師云：「西方道俗，並作彌勒業，爲同欲界，其行易成。」

所以法師，一生以來，當作彌勒業，臨命終時，發願上生，見彌勒佛，請大衆同時說偈云：

南無彌勒如來，應正等覺，願共含識，速奉慈顏。

南無彌勒如來，所居內衆，願捨命已，必生其中。

讚彌勒四禮文（玄奘法師依經譯出）：

至心歸命禮，當來彌勒佛。

諸佛同證無爲體，　真如理實本無緣，　爲誘諸天現兜率，
其猶幻土出衆形。　元無人馬迷將有，　達者知幻未曾然，
佛身本淨皆如是，　愚夫不了謂同凡！　知佛無來見真佛，
於茲必得永長歡，　故我頂禮彌勒佛，　唯願慈尊度有情。
願共諸衆生，上生兜率天，奉見彌勒佛。

至心歸命禮，當來彌勒佛。

佛有難思自在力，　能以多剎內塵中，　況今現處兜率殿，
師子床上結跏坐。　身如檀金更無比，　相好寶色曜光暉，

神通菩薩皆無量，　助佛揚化救含靈。　衆生但能至心禮，
無始罪業定不生。　故我頂禮彌勒佛，　唯願慈尊度有情。
願共諸衆生，上兜率天，奉見彌勒佛。
至心歸命禮，當來彌勒佛。
慈尊寶冠多化佛，　其量超過數百千，　此土他方菩薩會，
廣現神變寶冠中。　佛身白毫光八萬，　常說不退法輪因，
衆生但能修福業，　屈伸臂頃値慈尊。　河沙諸佛由斯現，
況我本師釋迦文。　故我頂禮彌勒佛，　唯願慈尊度有情。
願共諸衆生，上生兜率天，奉見彌勒佛。
至心歸命禮，當來彌勒佛。
諸佛當居清淨刹，　受用報體量無窮，　凡夫肉眼未曾識，
爲現千尺一金軀。　衆生視之無厭足，　令知業果現閻浮，
但能聽經勤誦法，　逍遙定往兜率宮。　三塗於玆必永絕，
將來同證一法身，　故我頂禮彌勒佛，　唯願慈尊度有情。

願共諸衆生，上生兜率天，奉見彌勒佛。

（三）行　宗要云：「有三種：一者聞大慈名，敬心悔前所作之罪。二者聞慈氏名，仰信此名所表之德。三者行於掃塔塗地，香華供養。」又云：此觀此行，合爲一根所生之果，略有四種：一者芽莖離土之果，二者華葉蔭涼之果，三者妙華開敷之果，四者芳果成就之果。第一芽莖離土果者，伏滅前來所作衆罪，是因初行所得果也。第二華葉蔭涼果者，不墮三塗邊地邪見，因第二行所得果也。第三妙華開敷果者，謂得兜率依正妙報因，第三行之所得也。第四芳果成就果者，於無上道，得不退轉，依前二觀之所得也。又行者，修彌勒業讀誦大乘，懺悔業障，常觀自身，猶如朽宅，心似攘客，身心之業，皆須懺悔，身心清淨，臨命終時，預知其期，待死如客，善友外助，一心念佛，於時寂寞寗中，香煙細昇，碧落空外，笙歌風聞。彌勒菩薩，放眉間光，無數天子，雨曼陀花，安庠巍巍，漸近眼前。靈山釋迦，十方諸佛，虛空顯現，演說大乘，此時衆聖接引，漸昇雲路，速到逍遙之國，新生寶蓮之上。時諸天子，散花作樂，歎言：善哉！善男子，汝於閻浮提，廣修福業，行願不空，來生此處。此處名兜率陀天，今此天主，名曰彌勒，汝當皈依。我聞其詞，應聲作禮，禮已諦觀眉間白毫相光，即得超越九十億劫生死之罪。是時菩薩，隨其宿緣，爲說妙法，妙法豈他教哉？即是萬法唯識，實相中道，既聞法已，速證無生，常在慈尊面前，早聞甘露妙門，時詣衆善之寶閣，各問菩提之前途，神通隨心，大悲銘肝，或遊諸佛之國，遍入海會之衆。或迴六趣之門，度脫往昔之愛。慈尊下生，我與下生，翅頭城中，誕生出家；龍華樹下，降魔成道，如影隨從，一一見之，得佛覺三昧，聞持一代之正法，住普現色身，濟度無數之羣類，賢劫星宿，歷侍諸佛，住行向地，漸次增進，遂昇華王之寶座，宜受大覺之慈尊，我有佛性，此事不難，菩提即獲矣！

⑵別明顯密之修法

（一）別明彌勒之觀法

廣觀彌勒如來之相好者，茲儀軌云：

觀一生補處菩薩，勝最大三昧耶像，端正微妙，色如瞻部檀金，首戴五佛妙智，七寶寶冠，種種瓔珞，而爲莊嚴，天衣環釧，真珠花鬘，於百寶蓮花上，結跏趺坐，入三昧耶定，面貌慈軟，歡喜含笑，身三十臂，各執寶蓮花上，皆執本印契，各表三昧耶之不同耳。

儀軌云：「修兜率觀者，有上中下三品之人，上品修者，如前觀佛三昧，或修彌勒法，於現身中，得見彌勒如來，隨心優劣，見形大小，我即本尊，本尊即我，平等一體。中品之人，或觀佛三昧，或修懺悔行，作諸淨業，捨此身後，生兜率天，親見彌勒如來，至不退轉，如上生經所說。下品之人，修施戒等，種種善業，依此發願，願見彌勒如來，捨此身後，隨業受生，乃至說彌勒成道之時，親見彌勒如來，三會說法，聞法得果，如下生成佛經說。」如上所集，各種教典依此修持，決定得親近慈氏，得不退轉，爲法門中最易而最殊勝者。以上別明彌勒菩薩之觀法也。

（註：原文尚有多種觀法，從略。）

（二）明顯教之修法

菩薩應化，如月出雲際，圓明洞澈，影現水中，任器而成千差，豈月遂生各異也。因此十方淨土，隨願往生，若顯若密，任機修學，歸源同見慈尊而無二致焉。故太虛大師，慈宗三要敍云：

遠稽乾竺，仰慈氏之德風，邇微大唐，續慈恩之芳談，歸崇有在，故曰慈宗。三要者，謂瑜伽之真實義品，及菩薩戒本，與觀彌勒上生兜率經也。義品成本慈氏之說，經則釋尊談慈氏者，故皆宗在慈氏。如次爲慈宗境行果之三要也。

夫世親大師，嘗集境行果，爲三十頌，迴施有情，護法諸師解之，大義微言燦然矣！是曰成唯識論，第明境繁細難了，而制行期果，又非急切能致，慧粗者畏焉。或耽玩其名句味，樂以忘疲，不覺老至！造修趣證者卒鮮。今易以解此真實義，持此菩薩戒，祈此内院生，既簡且要，洵爲人人之所易能，然真實義，詮境之要。菩薩戒，範行之要。聞者殆無間然。至觀上生爲獲果之要，意謂求生兜率天，親見彌勒佛，依上生經修，必得無上菩提之大果也。

然則求生兜率天者，每日諷誦，佛説彌勒上生經，半月誦瑜伽菩薩戒，每日研究瑜伽真實義品。復稱彌勒如來名，發上生願，故上生經云：「未來世中，諸衆生等，聞是大悲名稱，造立形象，香花衣服，繒蓋幢幡，禮拜繫念，讀誦經典，念佛形象，稱彌勒名，如是等輩，若一念頃，受八齋戒，修諸淨業，發弘誓願，此人命終，見彌勒佛。」又法華經普賢菩薩勸發品云：「若有人受持讀誦，解其義趣，是人命終，爲千佛授手，即往兜率天上，彌勒菩薩所，菩薩有三十二相，大菩薩衆，所共圍繞，有千百萬億，天女眷屬，而於中生，有如是等功德利益，是故智者，應受持讀誦，正意念，如説修行。」大乘本生心地觀經云：「若有得聞此心地觀，報四恩品，受持解説，若命終時，即得往生，彌勒内院，睹白毫相，超趣生死。」又三要敍云：

夫知有無上菩提，又知有已得此無上菩提者，復知自他有情，皆有能得此無上菩提之因性，且嘗自期於必得之者，顧人命在呼吸間！一旦無常，即成隔世。若於生死，猶未自在，非藉佛菩薩攝持之力，則於所志之事，諸趣流轉，昧忘可慮！故須急「欣淨土」「親上聖」之務，否則，上無以圓大覺，下無以濟含識，近無以淨一心，遠無以事諸佛，不亦唐功寡效乎？然十方諸佛刹，雖有緣者皆得生，而凡夫蒙蔽，罔知擇趨，惟補處菩薩，法爾須成熟當界有情，故於釋尊遺教中，曾持五戒，受三皈，稱一名者，如次皆於彌勒佛三會聞法，而在吾人既聞釋尊遺教者，即爲已與慈氏尊有緣，可求生內院以親近之矣！況乎慈尊應居睹史，與吾人同界同土，而三品九等之生因，行之匪難！寧不較往生他土倍易乎？一經上生，皆即聞法不退大菩提，與往生他土，猶滯相凡小者，殊勝迥然矣！故斯彌勒上生兜率陀天經者，實爲一生成就不退佛果之秘要。曾發無上菩提心者，不可不奉持以嶄向焉。斯爲顯教求生兜率天之法要也。

（三）明密宗之修法（略）

5. 兜率淨土與極樂淨土比較觀

淨土思想，在印度龍樹時代，主張十方諸佛國，皆有淨土。並非決定指向佛土爲最善，隨人根機而讚揚也。蓋當時法顯留學印度時，全印皆爲崇拜彌勒；然而彌陀淨土之信仰，在印度起於何時，在歷史上尚難確定。在中國關於彌勒淨土經典之翻譯最早，在後漢安世高及支婁迦讖，與兜率淨土思想，同時傳來。其後兜率淨土與極樂淨土，民間之信仰，同時發展，後來何以兜率淨土盛行後，反被極樂淨土取而代行？欲研究此問題，答案極其簡單。中國人思想，向爲單純，對於一體宗教所生之信仰，其緣因在悲智未圓，理解欠闕，此是思想上之遺憾也。

就吾人在於日常生活行動，或時以極冷靜的智識態度，而行於事。或時以熱狂的感情態度而行於事。在前者必欠情的元素，後者爲闕智作用、隨智情二種，何者佔優勝而爲定論也。蓋社會人心之歸向，亦隨其情智所隨轉。若社會人心智的元素多時，智的宗教盛行。情的元素多時，情的宗教盛行。若是不顧社會趨勢，情的時代，鼓吹智的宗教，社會人心，認不出智的價值來。智的時代，唱道情的宗教亦爾。爲社會天然之公例，當然之結果也。今時代之社會，依何宗教之需要歟？極樂淨土三經一論，無教理之研究，是唯情的宗教。兜率淨土依法相唯識而建立，是唯智的宗教。實則今時之社會人心，除愚夫愚婦多數在情智兩間者，兜率淨土有提倡之必要矣！

若依理智之觀察，作教理之比較，兜率淨土與極樂淨土，兜率淨土實殊勝中之殊勝也。若依往生，見佛聞法；兜率極樂，實無差異。若據彌勒成佛經之比較，依正莊嚴，稱名往生，完全一致。案此二經，皆出鳩摩羅什所譯，茲今以兩經之比較，明兩種淨土之異同，其文如次：

彌勒成佛經

（一）其土安穩，無有怨賊竊之患，城邑聚落無閉門者，亦無哀惱，水火刀兵，及諸飢饉毒害之難。人常慈心，恭敬和順，調伏諸根，如子愛父，如母愛子，言語謙遜。

阿彌陀經

彼土何故，名爲極樂，其國衆生，無有衆苦，但受諸樂，故名極樂。

其佛國土，尚無三惡道之名，何況有實！

（二）翅頭末城，七寶莊嚴，自然化生。七寶樓閣，端嚴殊妙，莊校清淨，於窗牖間，列諸寶女，手皆執真珠，羅網雜寶，莊嚴以覆其土。

極樂國土，七重欄楯，七重羅網，七重行樹，皆是四寶，周匝圍繞。

（三）七寶行樹，樹間渠泉，皆七寶成；其岸兩邊，純布金沙。樓閣羅網，密懸寶鈴，聲如天樂。彼國界城邑聚落，園林浴池，泉河流注，自然而有八功德水。

林池金色無垢，淨光明華，無憂淨慧日光明華，鮮白七日香華瞻蔔六色香華，百千萬種水陸生華，青色青光，黃色黃光，赤色赤光，白色白光，香淨無比。其地平淨，如琉璃鏡，大適意華，悅可意華，極大香華，優曇鉢華，大金葉華，白銀葉華，柔軟狀如天繒。極樂國土，有七寶池，八功德水，充滿其中，池底純以金沙布地，四邊階道，金銀琉璃，玻瓈合成，上有樓閣；亦以金銀琉璃，玻瓈硨磲，赤珠瑪瑙，而嚴飾之。池中蓮華，大如車輪，青色青光，黃色黃光，赤色赤光，白色白光，微妙香潔。

彼佛國土，常作天樂，黃金爲地，晝夜六時天雨曼陀羅華。

（四）生彼國者，日日常受極妙安樂，遊深禪定以爲樂器。其國衆生，常以清旦，各以衣裓，盛衆妙華，供養他方，十萬億佛，即以食時還到本國，飯食經行！

（五）命命之鳥，鵝鴨鴛鴦，孔雀鸚鵡，翡翠舍利，美音鳩鵰、羅耆婆闍婆，快見鳥等，出妙音聲。復有異類妙之鳥，不可稱數，遊集林池。彼國有種種奇妙，雜色之鳥，白鶴孔雀，鸚鵡舍利，迦陵頻伽，共命之鳥，是諸衆鳥，晝夜六時，出和雅音，其音演暢，五根五力，七菩提分，八聖道分，如是等法，其土衆生，聞是音已，皆悉念佛，念法，念僧。

（六）衆寶羅網彌覆其上，寶鈴莊嚴；微風吹動，其音和雅，如扣鐘磬。演説皈依佛、皈依法、皈依僧。彼佛國土，微風吹動，諸寶行樹，及寶羅網，出微妙音，譬如百千種樂，同時俱作，聞是音者，自然皆生念佛、念法、念僧之心。

（七）若有聞彌勒名者，聞已歡喜，恭敬禮拜，此人命終，如彈指頃，即得往生。聞是菩薩，大悲名字，五體投地，誠心懺悔，是諸惡業，速得清淨，聞是菩薩，大悲名稱，造立形象。……禮拜繫念，此人命欲終時，彌勒菩薩，放眉間白毫大人相光，與諸天子，雨曼陀羅華，來迎此人，此人須臾即得往生，兜率陀天上。

若有善男子、善女人，聞說阿彌陀佛，執持名號，若一日，若二日，若三日，若四日，若五日，若六日，若七日。一心不亂，其人臨命終時，阿彌陀佛，與諸聖衆，現在其前，是人終時，心不顛倒，即得往生，阿彌陀佛，極樂國土。

（此一段出上生兜率陀天經）

如上彌勒成佛經與阿彌陀佛經兩相對照，於其文句及內容，全是一致。諸種疑惑，可以冰釋矣！兜率極樂，各隨根機，同爲見佛聞法，超脫生死得成菩提之妙果，二種淨土同可讚揚，但求生處，各隨志願而不可偏抑也。

6. 結論

兜率淨土，在印度大小乘論師，皆所讚許。並作彌勒業，爲同欲界，其行易成。彌陀淨土，恐凡陋穢！共行難行。若生西方下品，數劫乃得見佛。若生人中，尤多貪染。況且末法時代，知識難遇，唯有上生兜率內院，親近彌勒如來，一生即便見佛，聞法得無生忍，無有品位之差殊，更無遲速之階漸，誠是修行之勝事也。故經云：「我涅槃後，五百歲法欲滅時，無量衆生，厭離世間，渴仰如來，發無上菩提心，願生兜率陀天，奉勤彌勒如來，證不退轉，將來同下閻浮提內，龍華樹下，得阿耨多羅三藐三菩提。」斯是釋迦牟尼金口之談，豈欺我哉！有志之士，速趨此修，誠是善哉者也。

民國二十五年十一月十五日寫於武昌佛學院研究院

——此文取自「現代佛教學術叢刊」，第六九冊：「彌勒淨土與菩薩心行研究」

㈡、西藏傳彌勒修法

法尊譯

先修皈依發心四無量心，次以性空真言淨諸世界。

再想空中蓮月座上，自心變成金色「मैं」們字，次我龍華樹枝上有君持「मैं」們字嚴飾，彼放光收復，自成聖彌勒尊，其身金色，相好圓滿，右手當胸作說法印，左手定印，持龍華枝莖。華齊耳開放，上有君持，髮髻之前頂戴寶塔，披著鹿皮，覆蔽左乳，身繫梵線，作金剛跏趺坐，天衣衆寶而爲莊嚴，心間月輪上有「मैं」們字放諸光明，從睹史陀天請智慈尊。

班哆三摩哆。哆吽哪賀。

種子周匝咒鬘圍繞。

嗡們梅達日耶裟哈。

誦滿百萬是根本承事。誦：

嗡瑪底瑪底彌日底娑哈。

生圓滿慧。誦：

嗡末黑末黑摩哈末黑娑哈。

成廣大利他，後應久修四無量心，廣發大願。

暇時應修禮供，誦彌勒百名，誓願陀羅尼。

若能具足法行，清淨尸羅，潔淨而修，速得感應之相，故加持極大。

（若加前後供養讚頌等，與餘大儀軌無別，結緣法如餘處說。譯者述。）

又一極略修法

彌勒像前陳設八供，先修皈依發心四無量心。嗡虛奈奈達，賈那班哆，娑拔嚩，阿瑪廊杭。一切皆空。次自心中有金黃「སྨ」們字，轉變自成彌勒慈尊。「嗡梅達日耶達日」，其身金黃，一面二臂，作說法印，左手執持龍華樹枝，其華齊耳開敷，梵行裝束，天衣爲裙，上披鹿皮，覆蔽左乳，髮髻之前頂戴大菩提塔，相好圓滿。餘忿怒神所不能勝。二足形狀隨自信解而修，次請智慧慈尊，班哆三摩哆，哆吽哪賀，額上嗡，喉間阿，心中吽。次三誦：

嗡梅達日，底利咤，嘅達底叉賀。

加持堅住。心中月輪安立咒鬘，隨力持誦：

嗡阿集擔哆耶，薩日嚩薩埵，三摩耶，瑪奴迦達娑哈。

臨完坐時，皆收入空，仍起天身，迴向諸善。平時暇時，隨力供養讚頌，誦彌勒百名經，及誓願陀羅尼等。

法尊譯在殘暑世苑圖書館

——本文亦取自「現代佛教學術叢刊」，第六九冊。

㈢、往生彌勒淨土的修法

慧廣

1. 序言

佛說「觀彌勒菩薩上生兜率陀天經」，是彌勒淨土所依的主要經典之一，其中，談到兜率天的勝妙景色，和彌勒菩薩所居內院淨土的種種瑰麗莊嚴。補處菩薩在佛世的印度，捨壽之後，便是上生於內院，晝夜說法，教化天人，等到未來，人類壽命增長至八萬四千歲的時候，再降生娑婆世界成佛。經中主要在開示往生兜率的觀行。因此，要上生兜率，便必須詳細了解此經，尤其是有關行持方面的文字。

本篇所寫，往生彌勒淨土的修法，除了以「上生經」爲依據外，並參考古來祖師大德的意見。如：卍字續藏經第三十五册所收集的彌勒經遊意（吉藏作）、彌勒上生經宗要（釋元曉撰）、觀彌勒菩薩上生經疏（窺基撰）、彌勒上生經料簡記（憬興撰）、和上生經瑞應鈔（守千集）等。文中對於修法經文的解釋，先摘列古德的注疏，然後由本人加以說明。

2.二、兜率天簡介

彌勒雖然是位補處菩薩，將續釋迦牟尼佛之後，在這個世界上成佛。這個消息，釋尊在未說「觀彌勒菩薩上生經」以前，便曾多次的告訴了弟子們，可是，有些弟子卻不大了解，因爲補處菩薩、法身大士的境界，是甚深難思。譬如：優波離尊者所了解的彌勒菩薩，只是「具凡夫身，未斷諸漏……其人今者雖復出家，不修禪定，不斷煩惱。……」阿羅漢尚且所見如此，更不用說凡夫衆生了。所以有一次，佛在舍衛國祇樹給孤獨園的時候，優波離尊者就向佛提出了內心的疑問，並問彌勒菩薩此生終後，當往生何處？佛便非常尊重的說：「諦聽！諦聽！善思念之，如來、應供、正偏知，今於此衆說彌勒菩薩摩訶薩，阿耨多羅三藐三菩提記。此人從今十二年後命終，必得往生兜率陀天上。」

兜率天，又譯作睹史多天，意思是知足天，因爲該天的天衆，對於五欲享受，常能知足，不致於太過。

兜率天是屬於六個欲界天的第四個，天上分有內院和外院；外院爲一般天衆所居，內院即補處菩薩在成佛前所居之處。本師釋迦牟尼在成佛前，爲補處身時，亦先上居住於兜率內院。

爲何最後身菩薩必居住兜率，不往生於他天呢？窺基在「上生經疏題序」中說：「問：諸天勝所，經說無邊，一生菩薩，何獨居知足？答：知欲樂之足，易可厭成故，菩薩處中勸化易故；上界欣掉既重，惡趣憂苦極深。既無佛現，餘處不如知足。三際諸佛皆同住故。」大智度論往生品中說：「問：一生菩薩，何以但生兜率天上，不生餘處？答曰：若在他方世界來者，諸長壽天龍鬼神，求其來處不能知，則生疑心，謂為幻化；若在人中死人中生，然後作佛者，人起輕慢，天則不信，法應天來化人，不應人化天也，是故從天上來生，則是從天為人，人則敬信。無色界中，無形不得說法，故不在中生；色界中雖有色身可為說法，而深著禪味，不能大利益衆生故，是故不在中生；下三欲天，結使深厚粗心錯亂；上二天結厚根純，兜率天上，結使薄，心根明利，常是菩薩住處。」古人有言：「山不在高，有仙則名。」雖然兜率內院同在欲界，但因為有補處菩薩在教化，而且該天的天人，大多宿修福慧，善根深厚，發願來親近彌勒菩薩的，所以不同於一般天界，而稱為兜率淨土。

那麼，兜率陀天究竟生的怎樣呢？不可不知道，佛便簡要而一一的介紹了天上的勝妙莊嚴，以作為求生彼天的觀行，然後結成下文：

「若有比丘及一切大衆，不厭生死樂生天者，愛敬無上菩提心者，欲為彌勒作弟子者，當作是觀。作是觀者，應持五戒、八齋、具足戒，身心精進，不求斷結，修十善法；一一思惟兜率陀天上上妙快樂。作是觀者，名爲正觀，若他觀者，名爲邪觀。」

這段經文，分作兩科來解釋，就比較容易了解。這兩科即：

3. 發大乘心

「若有比丘及一切大衆，不厭生死樂生天者，愛敬無上菩提心者，欲爲彌勒作弟子者，當作是觀。」等是。

我們先來看窺基大師的注疏：

「於中有三：一、示生彼人，二、教生彼行，三結成正觀。示生彼人者，略有三：一者菩薩行法不厭生死，受生死苦，行利衆故；樂生天者：解脫所依，修妙行故；於一切生，受尊貴故；處劣自體，行不圓故；生天得見彌勒佛故，不同二乘厭生死苦，恐天放逸，不樂生也。二者愛敬無上菩提心者：樂修勝行，求大菩提，於彌勒所，聞大法故；若不樂大乘，希小果者，隨受生處，欣涅槃故。三者欲爲彌勒作弟子者：願於惡界爲作善利；若有情所，希行救濟，不淨土作餘佛弟子，彼無苦，亦無有情可行濟度；無苦可厭，欣心不深故，又釋迦末法，持戒犯戒，有戒無戒，釋迦皆囑彌勒度之，自揣解行難生淨土，願爲彌勒作弟子者，於上所說天宮處所，應作是觀。其觀者何？即觀者何？即二、教生彼行也。」

我們知道，一切宗教，在原則上，都是要解決人類生死的問題，學佛也就是要了脫生死，在小乘根器的人，更是非了生死不可，他們看三界，都像牢獄一樣，不是理想的居處。但是，如果有生死，就不可能脫離三界，所以要脫離三界的牢獄，就必須能不生死、解脫生死，因此，在小乘人的眼中看來，生死如冤家；冤家宜散不宜聚。因爲急於了脫生死，就成爲自了漢，只顧自己，不管一切衆生的死活，但求此生過後，不再受後有。這種人實在說來，也是非常難得，因爲他能一了百了，多麼灑脫！多麼乾淨俐落！可以說是出世的大英雄。

但是，英雄雖然可貴，卻不圓滿，那麼，該怎樣呢？必須迴小向大，亦即迴自於他，不但自己解脫，也要使一切衆生都能得到解脫。梵網經菩薩戒中說：「一切男人是我父，一切女人是我母。」無始劫以來，在輪迴中，一切衆生都曾作過我的親戚或眷屬，有恩於我，自然要知報答，報答的方法便是度衆生，這就必須「不厭生死，樂生天」了。因爲衆生皆在生死中輪迴，我何忍心捨離他們，獨自進入涅槃呢？所以菩薩常發願：願生生世世來度化衆生，隨衆生在生死中受苦而無怨言，未有一刻心捨於衆生。可是，我們只是初學菩薩發心的人，尚未具足菩薩度生的能力，怕在娑婆受生時，會迷失佛道，造作惡業而致墮落，所以要暫時求生第四天上，親近彌勒菩薩。和十方諸佛淨土比起來，兜率淨土與娑婆世界是比較近的，同在三界——欲界之內，往生到那裡，可以很快便回來。因此，凡學菩薩道、志在度生的人，必然都以上生兜率爲優的。

話再說回來，往生彌勒淨土，能夠「不厭生死，樂生天」，願在三界中居住。便必須是大乘根性的人，這是求生兜率內院的人，第一點的認識。大乘根性的人，爲什麼能「不厭生死」呢？一方面是基於悲心，不忍見衆生沈淪，而我獨解脫逍遙；同時了解到「生死涅槃不二」，生死如夢幻，實際上並無生死所以能不怕生死。

4. 上生兜率的因行

從「作是觀者，應持五戒、八齋、具足戒，身心精進，不求斷結，修十善法；一一思惟兜率陀天上，上妙快樂。」等，屬於第二科。

窺基大師的注疏是：

「二、教生彼行也。此修五因：一、持五戒。二、持八戒。三、持具足戒，即出家五衆所受，皆名具足戒。四、身心精進，不求斷結；精謂精純，無雜故；進謂昇進，不懈退故；不求斷結者，非作精進六行斷結，斷結便生上二界故。五、修十善法：今此且論凡夫散心五粗因行，感內外院增上果業，未是巨細分別解釋。……雖修此因，要須一一思惟彼天上妙快樂，迴願生故。」

從人的立場看來，天比人高超，人們願意生天，乃是自然。世間多數宗教，皆勸人昇天，以能上生天堂爲解脫。但在佛教看來，天道雖比人道優勝，卻仍非究竟圓滿之處，尚未脫離輪迴，天福享盡，不免墮落，樂極即生悲！所以佛教並不主張昇天，而以小乘的得阿羅漢道，大乘的成佛，解脫三界空有的束縛爲目標。因此，「樂生天」，並不是說愛天上的快樂享受，而是那裡有彌勒菩薩在說法，願往親近聽聞大乘，作彌勒佛的弟子，十方世界雖然都有諸佛的淨土，但路途遙遠，往生較難，不如彌勒淨土的容易，因爲它只在天上，同一娑婆、同一欲界，只要發大乘心之後，修持五戒：

不殺生，不偷盜，不邪淫，不妄語、不飲酒。

或八齋戒：

不殺生，不偷盜，不淫，不妄語，不飲酒，不著香華蔓、不香油塗身，不歌舞倡伎，不故往觀聽，不坐臥高廣大床，不非時食。（這八齋戒只須一日一夜受持，通常都在六齋日，即每月的初八、十四、十五、廿三、廿九、三十受持，所得福報很大。）

具足戒：

這是指出家衆應持守的，即沙彌（尼）比丘（尼）、菩薩等戒。然後，「身心精進，不求斷結」，這段經文可參考窺基的註解，也可以解釋作：行菩薩道的人，爲度衆生，和衆生共處，必須留一份無明以潤心，所以可證涅槃而不證。「不求斷結」又含有防行者心入小乘的意思，因爲一斷了結，便入寂滅，心已入空寂的人，有時難免厭煩生死的擾動，便不樂於「生天」了。

十善生天的正行資糧，所以一定要修。十善即：

不殺生，不偷盜，不邪淫、不妄語，不兩舌，不惡口，不綺語，不貪，不瞋，不邪見。

能夠修習這些人天業，世間或出世間善法之後，再一一思惟兜率天上的上妙快樂，參見「上生經」開頭對兜率天景色的描述。

爲什麼要思惟兜率天的上妙快樂呢?了解它的殊勝好處，自然心便欣樂，願往生其中。因此，「上生經」內，佛不厭其詳的介紹兜率天的上妙莊嚴，用意便在令人能依之思惟，更而欣願往生。元曉的「彌勒上生經宗要」說：「此經正以觀行因果爲宗，令人生天永無退轉，以爲意致。所言觀者，有其二種，一觀彼天依報莊嚴，二觀菩薩正報殊勝。」

兜率天的依報莊嚴，已談過，補處菩薩的正報妙相，又如何思惟觀想呢？

5. 觀彌勒菩薩

上生經中說：

「時兜率陀天七寶台内，摩尼殿上獅子床座，（彌勒）忽然化生，於蓮華上結跏趺坐。身如閻浮檀金色，長十六由旬，三十二相，八十種好皆悉具足，頂上肉髻，髮紺琉璃色，釋迦毗楞伽摩尼百千億甄叔迦寶以嚴天冠。其天寶冠有百萬億色，一一色中有無量百千化佛，諸化菩薩以爲侍者；復有他方諸大菩薩，作十八變，隨意自在住天冠中。彌勒眉間有白毫相光，流出衆光作百寶色，三十二相，一一相中五百億寶色。一一好亦有五百億寶色，一一相好豔出八萬四千光明雲。」

談到觀想，一般人似乎覺得很困難，其實這是不了解觀想的原理，和求成太速所致。既然叫做觀，便含有眼看和心念想的意思，眼睛看什麼呢？當然，兜率天，我們看不到；彌勒菩薩，同樣看不到。因此，觀乃是指以眼睛看經中對兜率天和菩薩的文字描寫介紹，多加閱讀，自然心中便有了兜率天和彌勒菩薩的印象。這便是初步的觀。觀何以加上想呢？想乃是要使心中的兜率天和菩薩的印象，更加明顯。想和觀必須互相配合，想有不清楚之處，便要觀——看經文的描述；觀看有不解之處，即須想——思惟。所以經中說：「一一思惟兜率陀天上妙快樂。」又說：「應當繫念，念佛形象。」

那麼，觀想到什麼程度才可以呢？首先必須加以說明的：生兜率淨土的觀想和往生西方極樂淨土的觀想，其目標是不同的。「觀無量壽經」所談到的觀想，目標乃在禪定，借著觀想來達到禪定，又靠著禪定，來完成觀想，因爲往生極樂淨土，以修至禪定爲要，「阿彌陀經」談持名念佛，亦須「一心不亂」，一心不亂即是定了。而兜率淨土因在欲界天中，要往生可以不必達到禪定，因爲如果一個人修到初禪的境界，他所報生之處，已在色界天中，超過了欲界的六天。因此，往生兜率淨土就不以禪定爲主，而以修習人天福德，持戒、布施、清身身口意三業等善行爲主。當然，欲界中亦有欲界定，經中也談到「行衆三昧，深入正受」，但禪定在往生兜率淨土中，只是助行。所以，對兜率天和彌勒菩薩的觀想，可以不必如西方極樂淨土的觀想，非達到禪定、觀想成就不可。守千在「上生經瑞應鈔」中說：「經：念佛形象者，預指彌勒，今當稱之。此亦修時，隨力總相，想像形容，不須度量尺寸具足，若須具足，唯一頂冠，想之多歲，亦不能成，何況身長十六由旬，三十二相，八十隨好，如是端相，窮世不盡，如何進修招感者耶？故此是令隨力繫念，勿便異緣，以其所行不狂浪也。行者須思，勿虛用功。」

6.修六事法得往生

上生經既以開導衆生求生兜率，親近補處菩薩聞法，而得不退轉於無上道心爲宗。所以佛在介紹了兜率天的情景，和上生必備的資糧，以及彌勒菩薩的形相，使我們心中有了印象之後，便正式的談到上生兜率的修法了，經中說：

「佛滅度後，我諸弟子，若有精勤修諸功德，威儀不缺，掃塔塗地，以衆名香，妙華供養，行衆三昧，深入正受，讀誦經典。如是等人應當至心，雖不斷結，如得六通。應當繫念，念佛形像，稱彌勒名。如是等輩若一念頃，受八戒齋，修諸淨業，發弘誓願。命終之後，譬如壯士屈臂頃，即得往生兜率陀天於蓮華上結跏趺坐。」

能夠依照這段經文去修行的，便能如願往生，這段經文所說的修法，主要在行六種事，即一、精勤修諸功德，二、威儀不缺，三、掃塔塗地，四、以衆名香，妙華供養，五、行衆三昧，深入正受，六、讀誦經典。

怎樣叫做「精勤修諸功德」呢？窺基註：「精勤修福：敬、恩、悲田中，所作業等。」窺基的意思是說：修諸功德便是修福，亦名播種福田，福田分有敬田、恩田、悲田。敬田即是對佛法僧三寶，能恭敬供養承事，這會增加我們很大的福報，因爲這福報是從我們心中的恭敬所得來，便叫做敬田；恩田即對有恩於我們的人，如父母師長，能對之供養孝順，所得來的；悲田即憐憫一切苦難、貧窮、痛苦的衆生，給他們幫忙、救濟，有此大慈大悲的心腸，自然會得到很大的福報。

其實，我們也可以直從經文來解釋：什麼是功德？有益於人類社會和一切衆生的，就是功，因爲如果自己所做的事情無益於人類衆生，那就不但無功，反而有失了。有功便有德，功是使他人得到利益，因而顯出自己的德性，多做利益他人的事情，自己的德性便會增加、光顯。所做功德越多，所得福報也就越大。經說：「修諸功德，」那就不是只做一兩件了，而且還要「精勤」，因此，必須學菩薩道，發大心、大願大行了。

再說第二，怎樣是「威儀不缺」？窺基註：「堅守諸戒行，自住軌則等。」就是說：嚴持各人所受的戒律，如經中所說的：五戒、八戒、出家戒等。如戒而行，誠於中必形之於外，自然行住臥皆適宜，具足威儀，人格自然高尚。

第三、掃塔塗地。窺基註：「修飾道場，整理制多等。」這是說要嚴淨佛教的道教，令人見了心生歡喜。

第四、以衆名香，妙華供養。窺基註：「四事什物，隨給濟等。」四事即指：衣服、飲食、臥具、湯藥；什物便是其餘所需的用品，隨有需要，即供給。這裡必須注意的是經文「名香、妙華」，乃意含高貴的物品。凡夫由於慳貪未除，總捨不得所愛之物布施予人，雖然知道布施功德很大，應該多作布施，但最好的還是留著自己用，只以次等的去布施，這是一般人常有的毛病，如此的布施，只可以說是小布施。經文的意思，乃是要我們作誠心至意的大布施，不但對佛法僧三寶如此，對一切有情也應如此。

第五、行衆三昧，深入正受。窺基註：「凡夫行三昧聞思等定，聖人入正受隨所得禪，或凡三昧，非六行定；六行定者，必上生故，深住聞思，亦名三昧。」行，乃是造作的意思；衆即各種；心注一緣，離諸邪亂，便是三昧，是定的別名；深入兩字，文已很明顯，不用再解釋了；正受：離邪名正，心納法爲受。這段經文的意思是：各人隨自己的根性，修持各種禪定，同時，深入的聞思佛法。談到三昧——禪定，大乘佛法中有多種，並非坐禪才是定，坐禪乃是初學入定的方式，並非入定就要坐禪。定是心不動，而非身不動，所以在行住坐臥中，心能定，也可以說是「行衆三昧」，亦即是隨時能保持一心，自能「深入正受」。

第六、讀誦經典。窺基註：「演說修習十法行等。」從狹義上來看，讀誦經典，是指上生兜率淨土所依的「上生經」，但從廣義上看來，則泛指佛教一切經典了。因爲，如何要讀誦經典呢？經典所載是世出世間的真理，讀誦它，就是要使自己明理，開發智慧。讀的越多，理便越明，智慧越銳利。

這六法，以布施（修諸功德）爲首，然後是戒（威儀不缺）、定（行衆三昧，深內正受）、慧（讀誦經典）三無漏學，能夠完全修持，當然很好，如不能完全做到，只要隨修數法，也一樣可以往生，因爲這只是上品的修法，還有中下品往生的修法，後面將談到。

「如是等人應當至心，雖不斷結，如得六通」窺基註：「雖諸凡夫不斷結使，異於聖者，若修六事，神用廣大，必定往生，如得六通，聖者無異。」

「應當繫念，念佛形像，稱彌勒名。」窺基註：「雖復修行，仍須正念，心想形容，口恒稱念。」意思是說：雖然修持六事法了，還要有正念；爲何如此呢？因爲，儘管修持六法，心或許還不能專一，而且，修六事是爲了什麼呢？仍是要上生兜率，親近彌勒菩薩，所以必須念彌勒形像，正念即指此，這可以說是「應當繫念，念佛形像。」佛乃是預指彌勒菩薩。然後，「稱彌勒名」，常念：南無當來下生彌勒佛。

「如是等輩若一念頃，受八戒齋，修諸淨業，發弘誓願。」窺基註：「如上所說，行六事輩，極少但能於一念頃，至心不犯，持八戒齋，隨修淨業，發願資助，迴向定生。言一念者，非餘時犯，唯一念持戒；初唯發願：一念持故，何況多時。」

談到學佛，最後的目的，都希望自己也能成佛，而成佛則非出家修行不可，因爲在家，即有家庭、事業、妻（夫）兒等繫縛，要想獲得解脫，證悟無上道，甚是困難。但是，由於各人環境不同。不可能每位佛教徒都出家的，八齋戒便因此而產生，這是爲在家學佛的人，不捨居士身分，也有機會過出家的清淨生活。出家乃是了脫生死之法，所以八齋戒雖然只在一日一夜中受持，時間很短，所得到的功德福報卻很大，不但能感死後往生天上，最後終必解脫生死，獲證無上正覺。因此，求生兜率淨土的人，不論在家、出家，應常念此八齋戒，受持此戒，並隨修其他淨業，使自己身口意業更清淨，再加上「發弘誓願」。什麼是「弘誓願」呢？即廣大的誓願，如四弘誓願：「衆生無邊誓願度，煩惱無盡誓願斷，法門無量誓願學，佛道無上誓願成。」那麼，命終之後，很快的，如伸手取東西般，隨即往生兜率陀天上。

前述是上品往生的修法，現在來談中品往生的修法。

7. 聞名歡喜恭敬得往生

「佛告優波離：我滅度後，比丘、比丘尼、優婆塞、優婆夷、天、龍、夜叉、乾闥婆、阿修羅、迦樓羅、緊那羅、摩睺羅伽等，是諸大衆，若有得聞彌勒菩薩摩訶薩名者，聞已歡喜，恭敬禮拜，此人命終，如彈指頃，即得往生，如前無異。」

對這段經文，窺基的注疏的是這樣的：「四衆八部，先不犯戒，亦不造惡，罪輕微者，聞名心喜，語發恭敬，身體拜者，由因勝劣，當果雖殊，天讚罪除，不退值佛，如前無異。」

在佛經中，我們看到往生其他諸佛淨土，只有人才可能，而在彌勒淨土，卻包羅了四衆和天龍等八部，真是大開普度之門，而往生的方法又非常簡單，只要素具善根，能在聽聞到彌勒菩薩名時，口中稱念，心生歡喜，恭敬禮拜彌勒菩薩像，命終即得往生。這相信任何人都做得到的。所以說，彌勒淨土是一個很容易修持，能在末法時代，廣為接引眾生的殊勝法門。

8. 造惡犯戒懺悔亦得往生

「佛告優波離：若善男子善女人，犯諸禁戒，造眾惡業，聞是菩薩大悲名字，五體投地，誠心懺悔，是諸惡業速得清淨。未來世中，諸眾生等，聞是菩薩大悲名稱，造立形像，香華衣服，繒蓋幢幡，禮拜繫念：此人欲命終時，彌勒菩薩放眉間的白毫大人相光，與諸天子雨曼陀羅華來迎此人，此人須臾即得往生。」

窺基注疏：「二眾犯戒，悔淨往生，即是第三下品生也。於中有三：一、罪滅，罪滅有二：一者先受戒而後犯之；二者先不受戒，造眾惡業，聞名歸禮，兩手二足及以頭首五體投地至誠懺悔，罪速清淨。二、修行，設不作罪，懺悔願生，但修十行定得生彼：一、聞名稱，二、造形像，三、香供、四、華供、五、衣服供、六、繒蓋供，七、幢供，八、幡供、九、身恒禮拜，十、心口繫念。三、往生，犯戒造惡，悔歸清淨，聞名修行，命欲終時，菩薩放白毫之妙光，滅其罪暗；雨綺華之麗色，長其道種。佛天來迎，表慈深故；須臾往生，顯業勝故。」

這是說：雖然有人犯了佛陀所制的戒律，或造下了種種的惡業，只要他能聽到彌勒菩薩的名字，受到菩薩名字所含廣大慈悲意義的感動，而悔知往昔之非，誠心誠意的在菩薩前，將過去所作惡業一一懺除，自然罪消，內心得到清淨。只要有人能設立彌勒像，花果名香供養，禮拜念想，就是不完全求生兜率，命終時，菩薩也會與諸天子來迎此人往生。

一般學佛而尚未曾深入了解法義的人，常會擔心死後的問題，其時不知何去何從？然而，經中曾說：一個真有修行的佛子，命終時，自然十方諸佛皆現身，垂手接引，歡迎往生其淨土。或者認為自己修行有限，還未能得到諸佛的歡心，如何敢望諸佛來迎？所以要專志在一佛，求生其淨土，如東方藥師佛和其琉璃淨土，西方阿彌陀佛和極樂淨土，另外，就是和我們緣最深的補處菩薩、當來下生彌勒佛的兜率淨土了。雖然佛佛道同，慈悲度生的心腸是一樣的，但諸佛淨土皆泛接十方衆生，要往生於他們的淨土，非有很大的信願行不可。而彌勒菩薩的淨土則和諸佛不同，菩薩是本師釋迦牟尼佛的指定繼承者，我們是釋迦佛的弟子，但我們在釋尊遺法中，未能修到解脫，所以唯有等待未來佛的出世，再去親近修行了。可是，未來佛的出世，距離現在還有很遙遠的時間，在這段時間裡，我們將何依何從？因此，將作未來佛的彌勒菩薩，便在他最後身所居住的兜率天，成立一個內院淨土，這個淨土的目的就是專爲接引釋迦佛世，學法未成而期待未來佛度脫的人。當然，如果有人志願往生東方藥師淨土，或西方阿彌陀淨土，那是各人的自由了。若是有人不願東方，亦不欣生西方極樂，雖然也不求生兜率，只願在釋迦佛法中修學，也同樣會獲得彌勒菩薩的慈庇，因爲這也是彌勒未來成佛，龍華三會說法中，所將度脫的人。只要在釋迦佛世中，與佛法略結小緣的，都將在未來龍華三會中蒙度。因此，目前釋迦佛的弟子，也便是未來彌勒佛的弟子。既是自己的弟子，菩薩如何會不慈愛有加呢？所以，近代的虛雲老和尚，本身為禪宗大師，生前未見他有求生兜率之志，但在一百十二歲，雲門事變中昏死時，即自然上生兜率，覲見彌勒菩薩（參看虛雲老和尚年譜。）何況此經所說；受到菩薩大悲名字感化，而能設像供養、禮拜的人，命終時，菩薩自然會來接近往生了。

行文到此，似乎遇到了一個問題，那就是：在上中品往生的經文裡，只說到，若人能依法修持，命終時，「譬如壯士屈申臂頃」，「如彈指頃」，即得往生，不見有彌勒菩薩來接迎的記載，只在下品往生文中才有，似乎上中品往生，完全是靠自力的，是否如此呢？如果說是，為何下品之人往生，菩薩會特別來接迎呢？當然，這可以解釋作：下等之人，因為曾犯戒造惡，雖經悔除，業障可能還有，往生的信心也可能不足，生天的福德資糧，也怕不夠，所以菩薩才來，「放白毫之妙光，滅其罪暗；雨綺華之麗色，長其道種。」（窺基疏）迎接往生。這樣解釋，符合經文，是說得通的。但是，守千的「上生經瑞應鈔」中，認爲三品往生，菩薩同來接引。菩薩來迎經文雖在下品中，卻是通於中上品的，我們來看他的說法：

「經：來迎此人者。今詳唯識論文上下及諸經文，所有總文，多在頭尾，且如此經：睹佛光明，皆悉雲集，豈不遍前阿若等耶？不爾，彼等應不見光，既見云何不言耶？故彼在末，文貫於上，今此亦爾，遍前三品，佛（指彌勒菩薩）皆來迎，云何更爲三品別說。應云來迎，三品無別，說之在末，但有勝劣，不須問答。法華（經）集衆，末後亦有兩句總文，皆悉雲集，瞻仰尊顏，莫其前衆，不瞻仰耶？……又前疏文（按：指窺基的注疏）。說古法師上生之者，皆有雲跡，彼豈皆是下品耶？須思！須思！」

守千的說法是有道理的。文中「說古法師上生之者，皆有雲跡」，乃指窺基的「上生經疏題序」第四、論往生難易中的「且上聖上賢，皆修此業（按：指求生兜率），西域記說：西方即有無著、世親、師子覺等菩薩；高僧傳說：此方亦有彌天釋道安、法遇、曇戒等，近親（眼）所見，大唐即有三藏（玄奘）和尚、文備、神泰法師等，皆修彼業，兼有上生靈感，或有身在現相，或有將終現相，或有生後現相，人所共知，具如別傳。」本人翻閱慧皎、道宣、贊寧所著的高僧傳，見到求生兜率的高僧，在臨終時，有的異香滿室、天樂錚響，有的合掌向空，說出感謝迎接之語（請見本書第五編。）他們既然名列高僧，便不可能是下品生者，必然在中上品，這當可以證明三品往生，菩薩皆來接引了。

我們再從經文方面來探討，「若善男子，善女人，犯諸禁戒，造眾惡業，聞是菩薩大悲名字，五體投地，誠心懺悔，是諸惡業速得清淨。」這屬於一段，表示如果有人，受了戒之後，沒有好好守持，犯了戒，或者沒有受戒，曾造作種種惡業，只要能向菩薩誠心懺悔，禮懺菩薩，能得罪消，並沒有說，因此便能往生兜率。「未來世中，諸眾生等，聞是菩薩大悲名稱，造立形像，香華、衣服、繒蓋、幢幡、禮拜、繫念：此人命欲終時，彌勒菩薩放眉間白毫大人相光，與諸天子雨曼陀羅華來迎此人，此人須臾即得往生。」這又屬於一段經文，似乎可以自行獨立，和前面犯戒、造惡、禮懺、罪消經文無關，但因排在前文之後，則又有關連了。從有關連方面來說，便是表示，犯戒造惡的人，只要能向彌勒菩薩禮懺，獲得罪消清淨以後，再「造立形象，香華、衣服、繒蓋、幢幡、禮拜、繫念」，命終時，菩薩會來接迎，也可以往生兜率。犯戒造惡的人，必須經禮懺罪消後，再依法修行，才能往生，並不是說，禮懺罪消後，不必修行就可以往生。而這裡所說的修行，並不限於犯戒造惡的下等人，文中說到香華供，上品往生文中，有「以衆名香妙華供養」；同時其中說到禮拜，中品往生文中，也有「恭敬禮拜」，可見這段經文所說的修行，並不限於下品，是貫通於中上品的，文中乃是說：「未來世中，諸衆生等，」而非「諸犯戒造惡者」。諸衆生，必然不會都是下等的人，其中，有中等的、也有上等的。總之，只要依法修行，能夠「造立形象、香華供養」以至「禮拜、繫念」，那麼，不論下、中、上三品的人，臨終時，彌勒菩薩與天人，必然會來接引往生的。

9.往生修法參益

憬興的「彌勒上生經料簡記」，對修行往生兜率，有他獨特的見解，因此摘錄下；以供互相參考。

「欲辨修行生兜率天，略作五門：一、辨修因人；二、辨所修因（按：三四五門略）言第一辨修因人者，有三類：一、菩薩；二、二乘；三、凡人。初菩薩者，一云從初發心乃至法雲，此說不然，以八地已上永離分段，定不生兜率天故，故今從解行地至遠行地，爲供一生菩薩故，爲聞法種善根故生彼天；次二乘者，發心求二乘道，而資糧未備，現身中聞兜率天極妙樂事，及聞彌勒號，仰喜故迴向，心發願得往生；後凡夫者，有衆生悔過發願，得往生也。第二辨所修因者，諸經論因雖多，今且依此經辨彼因，略有五種：一、捨施因，謂聞是菩薩名，造立形像、掃塔塗地、香華幡等，種種供養，發願欲生，則得往生；二、防非因，謂一念須受八戒齋，及修諸善業，一日乃至七日，發願得往生；三、離散因，謂當繫念，行衆等持，念佛形像，發願得往生；四、簡擇非因，謂讀誦經典，稱彌勒名，發願得往生也；五、淨重因，謂佛滅度後，四部弟子聞彌勒名，發願禮拜，此人命終，彈指頃則往生也。若唯論有五門：一、依名禮拜一生菩薩求生天；二、讚歎門，謂至心稱歎一生菩薩智慧光求生天；三、作願門，謂發願願生彼天故，修彼菩薩所行所成也；四、觀察門，謂觀彼天上功德莊嚴及彼菩薩功德莊嚴，并天衆功德莊嚴；五、迴向門，謂不捨衆生，所作功德，迴向有情共生天上故，若以此五門資前五因必生彼天無疑。」

10.歸結因行

「佛告優波離：佛滅度後，四部弟子，天龍鬼神，若有欲生兜率天者，當作是觀：繫念思惟，念兜率陀天，持佛禁戒，一日至七日，思念十善，行十善道。以此功德迴向，願生彌勒前者，當作是觀。」

佛在述說了三品人都能往生兜率淨土後，乃不忘再度叮嚀，求生兜率淨土中的方法，不外是：要心裡想念兜率陀天，那裡有上妙的快樂，同時要持守佛的禁戒：五戒、八戒、具足戒，在持戒的當時，心緣十善、實行十善，使自己的身口意業清淨。時間不長，只要一日至七日，將此功德迴向，作爲往生的資糧，必可如願的往生。

在佛說完上生經的時候，我們可以看到，無量的聽衆，都從座起，頂禮佛足，和彌勒菩薩足，各發誓願願捨此身後，都得上生於兜率陀天，佛便授記：「汝等及未來世修福持戒者，皆當往生彌勒菩薩前，爲彌勒菩薩之所攝受。」憬興註：「謂乃至下品行者，一念稱彌勒名，皆得生，況能修福持戒，上品而何不生耶？」

因此，本人希望，看過此文的人，應當堅定信心，自己必能往生兜率淨土，親近彌勒菩薩，未來亦隨菩薩下生娑婆，初會聞法證果，比往生其他淨土，更快成佛。所以，這個法門，實在是易行道中的最易行道，安穩處中的最安穩處！

讚偈

兜率天上妙莊嚴　十善業果所感現
補處菩薩在內居　晝夜演說不退法
身檀金色諸相好　眉間毫光照罪滅
三業清淨行六事　聞名歡喜同生彼
南無兜率內院　萬德周圓　大慈大悲
當來下生　彌勒尊佛
南無當來下生彌勒佛（十聲、百聲、千聲隨意）

彌勒尊佛（百聲、千聲隨意）

迴向

願生兜率淨土中　蓮開便見慈尊容

即得不退無上道　再隨菩薩下閻浮。

㈠、佛說觀彌勒菩薩上生兜率陀天經

劉宋居士
沮渠京聲譯

如是我聞：一時，佛在舍衛國祇樹給孤獨園。爾時、世尊於初夜分舉身放光，其光金色，繞祇陀園周遍七匝，照須達舍亦作金色，有金色猶如霞雲。遍舍衛國處處皆雨金色蓮華，其光明中有無量百千諸大化佛，皆唱是言：「今於此中有千菩薩，最初成佛名拘留孫，最後成佛名曰樓至」。說是語已，尊者阿若憍陳如即從禪起，與其眷屬二百五十人俱；尊者摩訶迦葉，與其眷屬二百五十人俱；尊者大目揵連，與其眷屬二百五十人俱；尊者舍利弗，與其眷屬二百五十人俱；

摩訶波闍波提比丘尼，與其眷屬千比丘尼俱；須達長者，與三千優婆塞俱；毗舍佉母，與二千優婆夷俱；復有菩薩摩訶薩名跋陀婆羅，與其眷屬十六菩薩俱；文殊師利法王子，與其眷屬五百菩薩俱；天、龍、夜叉、乾闥婆等一切大衆，覩佛光明，皆悉雲集。

爾時、世尊出廣長舌相，放千光明，一一光明各有千色，一一色中有無量化佛。是諸化佛異口同音，皆說清淨諸大菩薩甚深不可思議諸陀羅尼法，所謂：阿難陀目佉陀羅尼、空慧陀羅尼、無礙性陀羅尼，大解脫無相陀羅尼。爾時、世尊以一音聲說百億陀羅尼門，說此陀羅尼已，爾時會中有一菩薩，名曰彌勒，聞佛所說，應時即得百萬億陀羅尼門，即從座起，整衣服，叉手合掌住立佛前。

爾時、優波離亦從座起，頭面作禮而白佛言：「世尊！世尊往昔於毗尼中及諸經藏說，阿逸多次當作佛。此阿逸多，具凡夫身，未斷諸漏，此人命終當生何處？其人今者雖復出家，不修禪定，不斷煩惱，佛記此人成佛無疑，此人命終生何國土」？

佛告優波離：「諦聽！諦聽！善思念之！如來應正遍知，今於此衆說彌勒菩薩訶薩阿耨多羅三藐三菩提記。此人從今十二年後命終，必得往生兜率陀天上。

「爾時、兜率陀天上有五百億天子，一一天子皆修甚深檀波羅密，爲供養一生補處菩薩故，以天福力造作宮殿，各各脫身旃檀摩尼寶冠，長跪合掌發是願言：「我今持此無價寶珠及以天冠，爲供養大心衆生故，此人來世不久當成阿耨多羅三藐三菩提，我於彼佛莊嚴國界得受記者，令我寶冠化成供俱」！如是諸天子等各各長跪發弘誓願，亦復如是。時諸天子作是願已，是諸寶冠化作五百億寶宮；一一寶宮有七重垣；一一坦七寶所成；一一寶出五百億光明；一一光明中有五百億蓮華；一一蓮華化作五百億七寶行樹；一一樹葉有五百億寶色；一一寶色有五百億閻浮檀金光；一一閻浮檀金光中出五百億諸天寶女；一一寶女住立樹下，執百億寶無數瓔珞，出妙音樂；時音樂中，演說不退轉地法輪之行。其樹生果，如玻璃色，一切衆色入玻璃色中。是諸光明右旋宛轉，流出衆音，衆音演說大慈大悲法。一一垣牆高六十二由旬，厚十四由旬；五百億龍王圍繞此垣，一一龍王雨五百億七寶行樹，莊嚴垣上，自然有風，吹動此樹，樹相接觸，演說苦、空、無常、無我諸波羅密。

「爾時、此宮有一大神，名牢度跋提，即從座起，遍禮十方佛，發弘誓願：「若我福德應爲彌勒菩薩造善法堂，令我額上自然出珠」！既發願已，額上自然出五百億寶珠、琉璃、玻璨一切衆色無不具足，如紫紺摩尼表裡映徹。此摩尼珠，迴旋空中，化爲四十九重微妙寶宮；一一欄楯，萬億梵摩尼寶所共合成；諸欄楯間，自然化生九億天子，五百億天女。一一天子手中，化生無量億萬七寶蓮華；一一蓮華上，有無量億光；其光明中具諸樂器，如是天樂不鼓自鳴。此聲出時，諸女自然執衆樂器競起歌舞，所詠歌音演說十善、四弘誓願，諸天聞者皆發無上道心。時諸垣中有八色琉璃渠，一一渠有五百億寶珠而用合成；一一渠中有八味水，八色具足，其水上湧繞梁棟間。於四門外化生四華，水出華中如寶華流。一一華上有二十四天女，身色微妙，如諸菩薩莊嚴身相；手中自然化五百寶器，一一器中諸天甘露自然盈滿，左肩荷佩無量瓔珞，右肩復負無量樂器，如雲住空，從水而出，讚歎菩薩六波羅密。若有往生兜率天上，自然得此天女待御。亦有七寶大獅子座，高四由旬，閻浮檀金無量衆寶以爲莊嚴。座四角頭生四蓮華，一一蓮華百寶所成，一一寶出百億光明，其光微妙，化爲五百億衆寶雜華莊嚴寶帳。時十方面百千梵王，各各持一梵天妙寶以爲寶鈴，懸寶帳上。時小梵王，持天衆寶以爲羅網，彌覆帳上。爾時、百千無數，天子天女眷屬，各持寶華以布座上。是諸蓮華自然皆出五百億寶女，手持白拂，侍立帳內，持宮四角有四寶柱；一一寶柱有百千樓閣，梵摩尼珠以爲絞絡；時諸閣間，有百千天女，色妙無比，手執樂器，其樂音中演説苦、空、無常、無我諸波羅密。如是天宮，有百億無量寶色，一一諸女亦同寶色。

「爾時、十方無量諸天命終，皆願往生兜率天宮。時兜率天宮有五大神：第一大神名曰寶幢，身雨七寶散宮牆內，一一寶珠化成無量樂器，懸處空中，不鼓自鳴，有無量音適衆生意。第二大神名曰華德，身雨衆華彌覆宮牆，化成華蓋，一一華蓋百千幢幡以爲導引。第三大神名曰香音，身毛孔中雨出微妙海此岸旃檀香，其香如雲作百寶色，遶宮七匝。第四大神名曰喜樂，雨如意珠，一一寶珠自然住在幢幡之上，顯說無量歸佛、歸法、歸比丘僧，及說五戒、無量善法、諸波羅密，饒益勸助菩提意者。第五大神名曰正音聲，身諸毛孔流出衆水，一一水上有五百億華，一一華上有二十五玉女，一一玉女身諸毛孔出一切音聲，勝天魔后所有音樂。」

佛告優波離：「此名兜率陀天十善報應勝妙福處，若我住世一小劫中廣說一生補處菩薩報應及十善果者，不能窮盡，今爲汝等略而解說」。

佛告優波離：「若有比丘及一切大衆不厭生死樂生天者，愛敬無上菩提心者，欲爲彌勒作弟子者，當作是觀。作是觀者，應持五戒、八齋、具足戒、身心精進，不求斷結，修十善法；一一思惟兜率陀天上上妙快樂。作是觀者名爲正觀，若他觀者名爲邪觀」。

爾時、優波離即從座起，整衣服，頭面作禮、白佛言：「世尊！兜率陀天上乃有如是極妙樂事，今此大士何時於閻浮提沒，生於彼天」？

佛告優波離：「彌勒先於波羅捺國、劫波利村、波婆利大婆羅門家生，卻後十二年二月十五日，還本生處結跏趺坐如入滅定。身紫金色，光明艷赫如百千日，上至兜率陀天。其身舍利如鑄金像，不動不搖，身圓光中有首楞嚴三昧，般若波羅密字義炳然。時諸人天，尋即爲起衆寶妙塔，供養舍利。

「時兜率陀天七寶台內，摩尼殿上獅子床座，忽然化生，於蓮華上，結跏趺坐。身如閻浮檀金色，長十六由旬，三十二相，八十種好皆悉具足，頂上肉髻，髮紺琉璃色，釋迦毗楞伽摩尼千億甄叔迦寶以嚴天冠。其天寶冠有百萬億色，一一色中有無量百千化佛，諸化菩薩以爲侍者；復有他方諸大菩薩，作十八變，隨意自在住天冠中。彌勒眉間有白毫相光，流出衆光作百寶色，三十二相，一一相中五百億寶色；一一好亦有五百億寶色，一一好相艷出八萬四千光明雲，與諸天子各坐華座，晝夜六時常說不退轉地法輪之行。經一時中，成就五百億天子令不退轉於阿耨多羅多藐三菩提。如是處兜率陀天，晝夜恒說此不退轉法輪，度諸天子。閻浮提歲數五十六億萬歲，爾乃下生於閻浮提，如彌勒下生經說。」

佛告優波離：「是名彌勒菩薩於閻浮提沒生兜率陀天因緣。我滅度後，我諸弟子若有精勤修諸功德，威儀不缺，掃塔塗地，以衆名香妙華供養，行衆三昧，深入正受，讀誦經典。如是等人，應當至心，雖不斷結如得六通。應當繫念念佛形象，稱彌勒名。如是等輩，若一念頃受八戒齋，修諸淨業，發弘誓願。命終之後，譬如壯士屈申臂頃，即得往生兜率陀天，於蓮華上結跏趺坐。百千天子作天伎樂，持天曼陀羅華、摩訶曼陀羅華以散其上，讚言：『善哉！善哉！善男子！汝於閻浮提廣修福業來生此處，此處名兜率陀天，今此天主名曰彌勒，汝當歸依！』應聲即禮，禮已，諦觀眉間白毫相光，即超越九十億劫生死之罪。是時菩薩隨其宿緣爲說妙法，令其堅固不退轉於無上道心。如是等衆生，若淨諸業行六事法，必定無疑當得生於兜率天上，值遇彌勒；亦隨彌勒下閻浮提，第一聞法。於未來世值遇賢劫一切諸佛，於星宿劫亦得值遇諸佛世尊，於諸佛前受菩提記」。

佛告優波離：「我滅度後，比丘、比丘尼、優婆塞、優婆夷，天、龍、夜叉、乾闥婆、阿修羅、迦樓羅、緊那羅、摩睺羅伽等，是諸大衆若有得聞彌勒菩薩摩訶薩名者，聞已歡喜、恭敬、禮拜，此人命終，如彈指頃即得往生，如前無異。但得聞是彌勒名者，命終亦不墮黑闇處，邊地、邪見、諸惡律儀；恒生正見，眷屬成就，不謗三寶」。

佛告優波離：「若善男子、善女子，犯諸禁戒，造衆惡業，聞是菩薩大悲名字，五體投地誠心懺悔，是諸惡業速得清淨，未來世中諸衆生等，聞是菩薩大悲名稱，造立形像，香華、衣服、繒蓋、幢幡、禮拜、繫念：此人命欲終時，彌勒菩薩放眉間白毫大人相光，與諸天子雨曼陀羅華來迎此人，此人須臾即得往生。值遇彌勒，頭面禮敬，未舉頭頃便得聞法，即於無上道得不退轉，於未來世得值恒河沙等諸佛如來」。

佛告優波離：「汝今諦聽！是彌勒菩薩於未來世當為衆生作大歸依處，若有歸依彌勒菩薩者，當知是人於無上道得不退轉。彌勒菩薩成多陀阿伽度、阿羅訶、三藐三佛陀時，如此行人，見佛光明即得授記」。

佛告優波離：「我滅度後，四部弟子、天、龍、鬼、神，若有欲生兜率陀天者，當作是觀：繫念思惟，念兜率陀天，持佛禁戒，一日至七日，思念十善，行十善道，以此功德迴向願生彌勒前者，當作是觀。作是觀者，若見一天人、見一蓮華，若一念頃稱彌勒名，此人除卻千二百劫生死之罪。但聞彌勒名，合掌恭敬，此人除卻五十劫生死之罪。若有禮敬彌勒者，除卻百億劫生死之罪。設不生天，未來世中龍華菩提樹下，亦得值遇發無上心」。

說是語時，無量大衆即從座起，頂禮佛足、禮彌勒足，遶佛及彌勒菩薩百千匝。未得道者，各發誓願：「我等天人八部，今於佛前發誠實誓，願於未來世值遇彌勒，捨此身已皆得上生兜率陀天」！世尊記曰：「汝等及未來世修福持戒，皆當往生彌勒菩薩前，爲彌勒菩薩之所攝受」。

佛告優波離：「作是觀者，名爲正觀；若他觀者，名爲邪觀」。

爾時、尊者阿難即從座起，叉手長跪白佛言：「世尊！善哉世尊！快說彌勒所行功德，亦記未來世修福衆生所得果報，我今隨喜。唯然！世尊！此法之要云何受持？當何名此經」？佛告阿難：「汝持佛語，慎勿忘失！爲未來世開生天路，示菩提相，莫斷佛種。此經名彌勒菩薩般涅槃，亦名觀彌勒菩薩生兜率陀天勸發菩提心，如是受持」！

佛說是語時，他方來會十萬菩薩得首楞嚴三昧，八萬億諸天發菩提心，皆願隨從彌勒下生。佛說是語時，四部弟子，天龍八部，聞佛所說，皆大歡喜，禮佛而退。

佛說彌勒大成佛經

姚秦三藏法師鳩摩羅什譯

如是我聞：一時佛住摩伽陀國遊波沙山，過去諸佛常降魔處；夏安居中，與舍利弗，經行山頂；而說偈言：

「一心善諦聽，光明大三昧，無比功德人，正爾當出世。彼人說妙法，悉皆得充足；如渴飲甘露，疾至解脫道」。

時四部衆，平治道路，灑掃燒香，悉皆來集，持諸供具，供養如來及比丘僧；諦觀如來，喻如孝子，視於慈父；如渴思飲，愛念法父，亦復如是。各各同心，欲請法王，轉正法輪，諸根不動，心心相次，流注向佛。是時比丘、比丘尼、優婆塞、優婆夷，天、龍、鬼、神、乾闥婆、阿修羅、迦樓羅、緊那羅、摩睺羅伽、人、非人等；各從坐起，右遶世尊，五體投地，向佛泣淚！

爾時、大智舍利弗，齊整衣服，偏袒右肩，知法王心，善能隨順；學佛法王，轉正法輪，是佛輔臣，持法大將，憐愍衆生故，欲令脫苦縛，白佛言：「世尊！如來向者，於山頂上說偈，讚歎第一智人，前後經中之所未說，此諸大衆，心皆渴仰，淚如盛雨！欲聞如來，說未來佛，開甘露道，彌勒名字，功德神力，國土莊嚴，以何善根？何戒？何施？何定？何慧？何等智力？得見彌勒？於何心中，修八正路」？舍利弗發此問時，百千天子，無數梵王，合掌恭敬，異口同音，共發是問，白佛言：「世尊！願使我等，於未來世，得見人中最大果報，三界眼目光明，彌勒普爲衆生，說大慈悲」。并八部衆，亦皆如此，恭敬叉手，勸請如來。爾時、梵王與諸梵衆，異口同音，合掌讚歎！而說頌曰：

「南無滿月，具足十力；大精進將，勇猛無畏！

一切智入，超出三有；成三達智，降伏四魔。

身爲法器，心如虛空，靜然不動；於有非有，於無非無；達解空法。世所讚歎，我等同心，一時歸依，願轉法輪」。

爾時、世尊告舍利弗：「當爲汝等，廣分別說，諦聽！諦聽！善思念之！汝等今者，以妙善心，欲問如來無上道業摩訶般若。如來明見，如觀掌中菴摩勒果」。

告舍利弗：「若於過去七佛所，得聞佛名禮拜供養，以是因緣，淨除業障；復聞彌勒大慈根本，得清淨心，汝等今當一心合掌，依未來大慈悲者，我當爲汝，廣分別說：

彌勒佛國，從於淨命，無諸諂僞，檀波羅蜜。尸羅波羅蜜、般若波羅蜜，得不受不著；以微妙十願大莊嚴，得一切衆生，起柔軟心；得見彌勒，大慈所攝，生彼國土；調伏諸根，隨順佛化。

舍利弗！四大海水面，各減少三千由旬。時閻浮提地，縱廣正等，十千由旬；其地平淨，如琉璃鏡，大適意華、悅可意華、極大音華、優曇鉢花。大金果華、七寶葉華、白銀葉華，華鬚柔軟；狀如天繒，生吉祥果，香味具足，軟如天綿；叢林樹華，甘果美妙，極大茂盛；過於帝釋，歡喜之園；其樹高顯，高三十里；城邑次比，雞飛相及，皆由今佛，種大善根，行慈心報，俱生彼國。智慧威德，五欲衆具，快樂安穩；亦無寒熱風火等病，無九惱苦；壽命具足，八萬四千歲，無有中夭，人身悉長一十六丈，日日常受極妙安樂，遊深禪定，以爲樂器；唯有三病：一者飲食、二者便利、三者衰老。女人年五百歲，爾乃行嫁。有一大城，名翅頭末，縱廣一千二百由旬，高七由旬；七寶莊嚴，自然化生，七寶樓閣，端嚴殊妙，莊校清淨，於窗側間，列諸寶女，手中皆執真珠羅網，雜寶莊校，以覆其上；密懸寶鈴，聲如天樂；七寶行樹，樹間渠泉，皆七寶成，流異色水，更相映發，交橫徐逝，不相妨礙；其岸兩邊，純布金沙；街巷道陌，廣十二里，悉皆清淨，猶如天園，衆寶莊嚴。

有大龍王，名多羅尸棄，福德威力，皆悉具足；其他近城，龍王宮殿，如七寶樓，顯現於外，常於夜半，化作人像，以吉祥瓶子，盛香色水，灑淹塵土；其地潤澤，譬如油塗；行人往來，無有塵坌。

是時世人，福德所致，巷陌處處，有明珠柱，高十二里，光踰於日；四方各照。八十由旬，純黃金色；其色照耀，晝夜無異；燈燭之明，猶若聚墨；香風時來，吹明珠柱，雨寶瓔珞；衆人皆用，服者自然，如三禪樂；處處皆有金、銀、珍寶、摩尼珠等，積用成山，寶山放光，普照城內，人民遇者，皆悉歡喜，發菩提心。

有大夜叉神，名跋陀婆羅賒塞迦，晝夜擁護，翅頭末城。及諸人民，灑掃清淨。設有便利，地裂受之，受已還合，生赤蓮花，以蔽穢氣。時世人民，若年衰老，自然行詣，山林樹下，安樂淡泊，念佛取盡；命終多生大梵天上，及諸佛前。其土安穩，無有怨賊劫竊之患；城邑聚落，無閉門者；亦無衰惱，水火刀兵，及諸飢饉，毒害之難。人常慈心，恭敬和順，調伏諸根；如子愛父，如母愛子；語言謙遜，皆由彌勒，慈心訓導，持不殺戒，不噉肉故。以此因緣，生彼國者，諸根恬靜，面貌端正，威相具足，如天童子。

復有八萬四千衆寶小城，以爲眷屬；翅頭末城，最處其中，男女大小，雖遠若近，佛神力故，兩得相見，無所障礙。夜光摩尼，如意珠華，遍滿世界，雨七寶花；鉢頭摩華、優鉢羅華、拘物頭華、分陀利華、曼陀羅華、摩訶曼陀羅華、曼殊沙華、摩訶曼殊沙華，彌布其地；或復風吹，迴旋空中。時彼國界，城邑聚落，園林浴池，泉河沼流，自然而有八功德水；命命之鳥：鵝、鴨、鴛鴦、孔雀、鸚鵡、翡翠、舍利、美音鳩鵰、羅耆婆闍婆，快見鳥等，出妙音聲；復有異類，妙音之鳥，不可稱數，遊集林池。金色無垢，淨光明華、無憂淨慧日光明華、鮮白七日香華瞻蔔六色香華。百千萬種水陸生華，青色青光，黃色黃光，赤色赤光，白色白光，香淨無比，晝夜常生，終無萎時。有如意果樹，香美無比，充滿國界，香樹金光，生寶山間，充滿國界，出適意香，普熏一切。爾時閻浮提中，常有好香，譬若香山。流水美好，味甘除患，雨澤隨時；天園成熟，香美稻種；天神力故，一種七穫，用功甚少，所收甚多，穀稼滋茂，無有草穢；衆生福德，本事果報，入口消化；百味具足，香美無比，氣力充實。

其國爾時有轉輪聖王，名曰穰佉，有四種兵，不以威武，治四天下。具三十二大人相好，王有千子，勇猛端正，怨敵自伏。又有七寶：一、金輪寶，千輻轂輞，皆悉具足；二、白象寶，白如雪山；七肢拄地，嚴顯可觀，猶如山王；三、紺馬寶，朱鬣髦尾足下生華，七寶蹄甲；四、神珠寶，明顯可觀，長於二肘，光明雨寶適衆生願；五、玉女寶，顏色美妙，柔軟無骨；六、主藏臣，口中吐寶，足下雨寶，兩手出寶；七、主兵臣，宜動身時，四兵如雲，從空而出，千子七寶，國界人民，一切相視不懷惡意，如母愛子。時王千子各取珍寶，於正殿前作七寶臺，有三千重，高十三由旬，千頭千輪遊行自在。有四大寶藏，一一大藏，各有四億小藏圍繞。伊鉢多大藏，在乾陀羅國；般軸迦大藏，在彌提羅國，賓伽羅大藏，在須羅吒國；穰佉大藏，在婆羅奈國古仙山處。此四大藏，自然開發，顯大光明，縱廣正等一千由旬，滿中珍寶，各有四億小藏附之。有四大龍，各自守護，此四大藏及諸小藏，自然湧出形如蓮華；無央數人皆共往觀。是時衆寶無守護者，衆人見之心不貪著，棄之於地，猶如瓦石草木土塊，時人見者心生厭離，各各相謂而作是言：「如佛所說，往昔衆生爲此寶故，共相殘害，更相偷劫、欺誑、妄語，令生死苦緣展轉增長，墮大地獄」。翅頭末城，衆寶羅網彌覆其上；寶鈴莊嚴微風吹動，其音和雅，如扣鐘磬，演說歸依佛、歸依法、歸依僧。時城中有大婆羅門主，名修梵摩；婆羅門女名梵摩拔提，心性和軟。彌勒託生以爲父母；雖處胞胎如遊天宮，放大光明塵垢不障，身紫金色具三十二大丈夫相，坐寶蓮華，衆生視之無有厭足，光明晃耀不可勝計；諸天世人，所未曾睹，身力無量，一一節力普勝一切大力龍象；不可思議毛孔光明，照耀無量無有障礙；日、月、星宿、水、火、珠光皆悉不現，猶如埃塵。身長釋迦牟尼佛八十肘，脇廣二十五肘，面長十二肘半，鼻高修直當於面門　身相具足端正無比，成就相好；一一相八萬四千好，以自莊嚴，如鑄金像；一一好中流出光明照千由旬，肉眼清澈，青白分明，常光繞身，面百由旬；日月星宿，真珠摩尼，七寶行樹皆悉明耀，現於佛光；其餘衆光不復爲用。佛身高顯如黃金山，見者自然脫三惡趣。爾時彌勒諦觀世間五欲過患，衆生受若沈没長流，在大生死甚可憐愍！自以如是，正念觀察，苦、空、無常、不樂在家；厭家迫窄，猶如牢獄。時穰佉王共諸大臣國土人民，持七寶臺，有千寶帳，及千寶軒，千億寶鈴，千億寶幡，寶器千口，寶甕千口，奉上彌勒。彌勒受已，施諸婆羅門；婆羅門受已，即便毀壞，各共分之。諸婆羅門觀見彌勒能作大施，生奇特心；彌勒菩薩見此寶臺須臾無常，知有爲法，皆悉磨滅，修無常想，讚過去佛清涼甘露，無常之偈：

「諸行無常！是生滅法；生滅滅已，寂滅爲樂」！

說此偈已，出家學道；坐於金剛莊嚴道場，龍華菩提樹下，枝如寶龍吐百寶華；一一華葉作七寶色；色色異果適衆生意，天上人間爲無有比；樹高五十由旬，枝葉四布放大光明。爾時彌勒與八萬四千婆羅門俱詣道場，彌勒即自剃髮出家學道，早起出家；即於是日初夜降四種魔，成阿耨多羅三藐三菩提。即說偈言：

「久念衆生苦，欲拔無由脫；今者證菩提，霍然無所礙。
亦達衆生空，本性相如實；永更無憂苦，慈悲亦無緣。
本爲救汝等，國城及頭目，妻子與手足，施人無有數。
今始得解脫，無上大寂滅；當爲汝等說，廣開甘露道。
如是大果報，皆從施戒慧，六種大忍生，亦從大慈悲，
無染功德得」。

說此偈已，默然而住。時諸天、龍、鬼、神王、不現其身，而雨天華供養於佛，三千大千世界六變震動；佛身出光，照無量國，應可度者皆得見佛。

爾時、釋提桓因，護世天王，大梵天王，無數天子，於花林園，頭面禮足，合掌勸請轉於法輪。時彌勒佛默然受請，告梵王言：「我於長夜受大苦惱，修行六度，始於今日法海滿足；建法幢，擊法鼓，

吹法螺，雨法雨，正爾、當爲汝等說法。諸佛所轉八聖道輪，諸天世人無能轉者；其義平等直至無上，無爲寂滅，爲諸衆生，斷長夜苦；此法甚深，難得難入，難信難解，一切世間無能知者，無能見者，洗除心垢，得萬梵行」。說是語時，復有他方無數百千萬億天子、天女，大梵天王，乘天宮殿，持天花香，奉獻如來，繞百千匝，五體投地，合掌勸請；諸天伎樂不鼓自鳴，時諸梵王異口同聲，而說偈言：

「無量無數歲，空過無有佛；衆生墮惡道，世間眼目滅。
三惡道增廣，諸天路永絕；今日佛興世，三惡道殄滅。
增長天人衆，願開甘露門；令衆心無著，疾疾得涅槃。
我等諸梵王，聞佛出世間；今者得值佛，無上大法王。
梵天宮殿盛，身光亦明顯；普爲十方衆，勸請大導師；
唯願開甘露，轉無上法輪」。

說此偈已，頭面作禮。復更合掌慇懃三請：「唯願世尊！轉於甚深微妙法輪；爲拔衆生苦惱根本，遠離三毒，破四惡道不善之業」。

爾時、世尊爲諸梵王即便微笑，出五色光，默然許之。時諸天子無數大衆，聞佛許可，歡喜無量，遍體踊躍；譬如孝子新喪慈父，忽然還活，大衆歡喜，亦復如是。時諸大衆右遶世尊，經無數匝，敬愛無厭，却住一面。

爾時、大衆皆作是念，雖復千萬億歲受五欲樂，不能得免三惡道苦，妻子財產所不能救；世間無常，命難久保；我等今者，宜佛法中淨修梵行。作是念已，復更念言：「設受五欲，經無數劫，如無想天壽，無量億歲；與諸婇女共相娛樂，受細滑觸，會歸磨滅，墮三惡道受無量苦；所樂無幾，猶如幻化，蓋不足言；入地獄時大火洞然，百億萬劫受無量苦，求脫叵得？如此長夜，苦厄難拔！今日遇佛，宜勤精進」。時穰佉王高聲唱言：

「設復生天樂，會亦歸磨滅；不久墮地獄，

猶如猛火聚；我等宜時速，出家學佛道。」

說是語已，時穰佉王與八萬四千大臣，恭敬圍繞；及四天王送轉輪王，至花林園龍華樹下，詣彌勒佛求索出家，爲佛作禮，未舉頭頃，鬚髮自落，袈裟著身，便成沙門。

時彌勒共穰佉王，與八萬四千大臣，諸比丘等恭敬圍繞，並與無數天龍八部入翅頭末城；足躡門閫，娑婆世界六種震動；閻浮提地化爲金色，翅頭末大城中央，其地金剛，有過去諸佛所坐金剛寶座，自然踊出，衆寶行樹；天於空中雨大寶華；龍王作衆伎樂，口中吐華，毛孔雨華，用供養佛。佛於此座轉正法輪：謂是苦、苦聖諦；謂是集、集聖諦；謂是滅、滅聖諦；謂是道、道聖諦。並爲演說三十七品助菩提法；亦爲宣說十二因緣：無明緣行、行緣識、識緣名色、名色緣六入、六入緣觸、觸緣受、受緣愛，愛緣取、取緣有、有緣生、生緣老死憂悲苦惱等。

爾時、大地六種震動，如此音聲，聞於三千大千世界，復過是數無量無邊；下至阿鼻地獄；上至阿迦膩吒天。時、四天王各各將領無數鬼神，高聲唱言：「佛日出時，降法雨露，世間眼目，今者始開，普令天地一切八部於佛有緣，皆得聞知」。三十三天，夜摩天，兜率陀天，化樂天，他化自在天；乃至大梵天，各各於己所統領處，高聲唱言：「佛日出時，降法雨露，世間眼目，今者始開，有緣之者，皆得聞知。」

時諸龍王八部，山神、樹神、藥草神、水神、風神、火神、地神、城池神、屋宅神等，踴躍歡喜高聲唱言。

復有八萬四千諸婆羅門，聰明大智，於佛法中亦隨大王出家學道。

復有長者名須達那，今須達長者是，亦與八萬四千人俱共出家。復有梨師達多，富蘭那兄弟，亦與八萬四千人俱共出家。復有二大臣；一名梵檀朱利，二名須曼那，王所愛重；亦與八萬四千人俱，於佛法中出家學道。轉輪王寶女名舍彌婆帝，今之毗舍佉母是也；與八萬四千人婇女俱共出家，穰佉王太子名天金色，今提婆婆那長者子是；亦與八萬四千人俱共出家。彌勒佛親族婆羅門子名須摩提，利根智慧，今鬱多羅善賢比丘尼子是；亦與八萬四千人俱，於佛法中俱共出家，穰佉王千子唯留一人用嗣王位，餘九百九十九人；亦與八萬四千人，於佛法中俱共出家。如是等無量億衆，見世苦惱，五陰熾然，皆於彌勒佛法中俱共出家。

爾時彌勒佛，以大慈心，語諸大衆言：「汝等今者不以生天樂故，亦復不爲今世樂故，來至我所，但爲涅槃常樂因緣。是諸人等皆於佛中種諸善根。釋迦牟尼佛出五濁世，種種呵責，爲汝說法，無奈汝何，教植來緣，令得見我。我今攝受，是諸人等，或以讀誦分別，決定修多羅、毗尼、阿毗曇，爲他演說，讚歎義味，不生嫉妒，教以他人，令得受持，修諸功德，來生我所。或以衣食施人，持戒智慧，修此功德，來生我所。或以伎樂幡蓋華香燈明，供養於佛，修此功德，來生我所。或以施僧常食，起立僧房，四事供養，持八戒齋，修習慈心，行此功德，來生我所。或爲苦惱衆生，深生慈悲，以身代受，令其得樂，修此功德，來生我所。或以持戒，忍辱，修淨慈心，以此功德，來生我所。或造僧祇，四方無礙，齋講設會，供養飯食，修此功德，來生我所。或以持戒多聞，修行禪定，無漏智慧，以此功德，來生我所。或有起塔，供養舍利，念佛法僧，以此功德，來生我所。或有厄困貧窮孤獨，繫屬於他，王法所加，臨當刑戮，作八難業，受大苦惱，拔濟彼等，令得解脫，修此功德，來生我所。或有恩愛別離，朋黨諍訟，極大苦惱，以方便力，令得和合，修此功德，來生我所。」說是語已，稱讚釋迦牟尼佛：「善哉！善哉！能於五濁惡世，教化如是等，百千萬億諸惡衆生，令修善本，來生我所。」時彌勒佛，如是三稱讚釋迦牟尼佛，而說偈言：

「忍辱勇猛大導師，能於五濁不善世；教化成熟惡衆生，
令彼修行得見佛。荷負衆生受大苦，令入常樂無爲處；
教彼弟子來我所，我今爲汝說四諦。亦說三十七菩提，
莊嚴涅槃十二緣；汝等宜當觀無爲，入於空寂本無處。」

說此偈已，復更讚歎：「彼時衆生，於苦惡世，能爲難事；貪欲

瞋恚，愚痴迷惑，短命人中，能修持戒，作諸功德，甚爲希有！爾時衆生，不識父母、沙門、婆羅門，不知道法，互相惱害，近刀兵劫；深著五欲，嫉妒諂佞，曲濁邪僞，無憐愍心，更相殺害，食肉飲血；不敬師長；不識善友，不知報恩；生五濁世，不知慚愧，晝夜六時，相續作惡，不知厭足，純造不善，五逆惡聚，魚鱗相次，求不知厭；九親諸族，不能相濟。善哉！善哉！釋迦牟尼佛以大方便，深厚慈悲，能於苦惱衆生之中，和顏美色，善巧智慧，說誠實語，示我當來，度脫汝等。如是導師明利智慧。世間希有，甚爲難遇！深心憐愍，惡世衆生，爲拔苦惱，令得安穩，入第一義，甚深法性，釋迦牟尼佛，三阿僧祇劫，爲汝等故，修行難行苦行，以頭布施，割截耳鼻手足肢體，受諸苦惱，爲八聖道，平等解脫，利汝等故。」

時彌勒佛，如是開導，安慰無量諸衆生等，令其歡喜。彼時衆生，身純是法，心純是法，口常說法，福德智慧之人，充滿其中，天人恭敬，信受渴仰。時大導師，各欲令彼，聞於往昔苦惱之事。復作是念，五欲不淨，衆苦之本。又能除捨憂慼愁恨，知苦樂法，皆是無常；爲說色受想行識，苦、空、無常、無我。說是語時，九十六億人，不受諸法，漏盡意解，得阿羅漢，三明六通，具八解脫。三十六萬天子，二十萬天女，發阿耨多羅三藐三菩提心。天龍八部中，有得須陀洹者，種辟支佛道因緣者，發無上道心者，數甚衆多，不可稱計。爾時彌勒佛，與九十六億大比丘衆，并穰佉王，八萬四千大臣、比丘、眷屬圍繞，如月天子諸星宿從，出翅頭末城，還花林園，重閣講堂。時閻浮提，城邑聚落，小王長者，及諸四姓，皆悉來集龍華樹下，花林園中。

爾時世尊，重說四諦，十二因緣，九十四億人，得阿羅漢；他方諸天，及八部衆，六十四億恒河沙人，發阿耨多羅三藐三菩提心，住不退轉。

第三大會，九十二億人，得阿羅漢；三十四億天龍八部，發三菩提心。時彌勒佛，說四聖諦，深妙法輪，度天人已，將諸聲聞弟子，天龍八部，一切大衆，入城乞食，無量淨居天衆，恭敬從佛，入翅頭末城。當入城時，佛現十八種神足，身下出水，如摩尼珠，化成光臺，照十方界；身上出火，如須彌山，流出金光，現火滿空，化成琉璃；大復現小，如芥子許，泯然不現，於十方踊，於十方沒，令一切人，皆如佛身，種種神力，無量變現；令有緣者，皆得解脫。釋提桓因，三十二輔臣，與欲界諸天，梵天王與色界諸天，并天子天女，脫天瓔珞，及以天衣，而散佛上。時諸天衣，化成花蓋，諸天伎樂，不鼓自鳴，歌詠佛德；密雨天花，旃檀雜香，供養於佛；街、巷、道、陌、豎諸幢幡，繞諸名香，其煙若雲。世尊入城時，大梵天王，釋提桓因，合掌恭敬，以偈讚佛：

「正遍知者兩足尊，天人世間無與等，十力世尊甚希有，
無上最勝良福田。若供養者生天上，未來解脫住涅槃。
稽首無比大精進，稽首慈悲大導師。」

東方天王提頭賴吒，南方天王毗留勒叉，西方天王毗留博叉，北

方天王毗沙門王，與其眷屬，恭敬合掌，以清淨心，讚歎世尊：

「三界無有比，大悲自莊嚴；體解第一義，不見衆生性，
及與諸法相，同入空寂性。善住無所有，雖行大精進，
無爲無足跡，我今稽首禮。慈心大導師，衆生不見佛，
長夜受生死，墜墮三惡道，及作女人身。今日佛興世，
拔苦施安樂，三惡道已少，女人無諂曲，皆當得止息。
具足大涅槃，大悲濟苦者，施樂故出世；本爲菩薩時，
常施一切樂，不殺不惱他。忍心如大地，我今稽首禮；
忍辱大導師，我今稽首禮。慈悲大丈夫，自免生死苦，
能拔衆生厄；如火生蓮花，世間無有比。」

爾時魔王於初夜後夜，覺諸天人民，作如是言：「汝等既得人身俱遇好時，不應竟夜睡眠覆心，汝等若坐若立當勤精進，正念諦觀五陰無常、苦、空、無我。汝等勿爲放逸不行佛教，若起惡業後必致悔。時街巷男女皆效此語言：「汝等勿爲放逸不行佛教，若起惡業後

必有悔，常勤方便精進求道，莫失法利而徒生徒死，如是大師拔苦惱者，甚爲難遇！堅固精進，當得常樂涅槃。」

爾時世尊，次第乞食，將諸比丘，還至本處，入深禪定，七日七夜，寂然不動。彌勒弟子，色如天色，普皆端正，厭生老病死，多聞廣學，守護法藏，行於禪定，得離諸欲，如鳥出㲉。

爾時釋提桓因，與欲界諸天子，歡喜踴躍，復説偈言：

「世間所歸大導師，慧眼明淨見十方；智力功德勝諸天，名義且足福衆生。願爲我等羣萌類，將諸弟子詣彼山；供養無惱釋迦師，頭陀第一大弟子。我等應得見過佛，所著袈裟聞遺法；懺悔前身濁惡劫，不善惡業得清淨」！

爾時彌勒佛，與娑婆世界前身剛强衆生，及諸大弟子，俱往耆闍崛山；到山下已，安詳徐步，登狼跡生；到山頂已，舉足大指，躡於山根。是時大地，十八相動，既至山頂，彌勒以手兩向擘山，如轉輪王，開大城門；爾時梵王持天香油，灌摩訶迦葉頂，油灌身已，擊大揵椎，吹大法螺。摩訶迦葉，即從滅盡定覺，齊整衣服，偏袒右肩，右膝著地，長跪合掌，持釋迦迦牟尼佛僧伽梨，授與彌勒，而作是言：「大師釋迦牟尼，多陀阿伽度、阿羅訶、三藐三佛陀，臨涅槃時，以此法衣，付囑於我，令奉世尊」。時諸大衆，各白佛言：「云何今日，此山頂上，有人頭蟲？短小醜陋，著沙門服，而能禮拜，恭敬世尊」？時彌勒佛，訶諸大衆，莫輕此人，而說偈言：

「孔雀有好色，鷹鶻鷂所食；白象無量力，獅子子雖小，
撮食如塵土；大龍身無量，金翅鳥所搏；人身雖長大，
肥白端正好；七寶瓶盛糞，污穢不可堪。此人雖短小，
智慧如鍊金；煩惱習久盡，生死苦無餘，護法故住此。
常行頭陀事，天人中最勝，苦行無與等。牟尼兩足尊，
遣來至我所；汝等當一心，合掌恭敬禮。」

說是偈已，告諸比丘：「釋迦牟尼世尊，於五濁惡世，教化衆生，千二百五十弟子中，頭陀第一，身體金色，捨金色婦，出家學

道，晝夜精進，如救頭然，慈愍貧苦，下賤衆生；恒福度之，爲法住世，摩訶迦葉者，此人是也。」說此語已，一切大衆，悉爲作禮。

爾時、彌勒持釋迦牟尼佛僧伽梨，覆右手不遍，纔掩兩指，復覆左手，亦掩兩指；諸人怪歎，先佛卑小，皆由衆生貪濁憍慢之所致耳。告摩訶迦葉言：「汝可現神足，并說先佛，所有經法。」爾時摩訶迦葉，踊身虛空，作十八變，或現大身，滿虛空中，大復現小，如葶藶子，小復現大；身上出水，身下出火，履地如水，履水如地，坐臥空中，身不陷墜；東踊西没，西踊東没，南踊北没，北踊南没，邊踊中没，上踊下没，下踊上没；於虛空中，化作琉璃窟；承佛神力，以梵音聲，說釋迦牟尼佛十二部經。大衆聞已，怪末曾有；八十億人，遠塵離垢，於諸法中，不受諸法，得阿羅漢；無數天人，發菩提心。繞佛三匝，還從空下，爲佛作禮，說有爲法，皆悉無常。辭佛而退，還耆闍崛山，本所住處；身上出火，入般涅槃；收身舍利，山頂起塔。

彌勒佛歎言：「大迦葉比丘，是釋迦牟尼佛於大衆中，常所讚歎頭陀第一，通達禪定，解脫三昧；是人雖有大神通力，而無高心，能令衆生，得大歡喜，常愍下賤，貧苦衆生」。彌勒佛歎大迦葉骨身言：「善哉大神德，釋師子大弟子大迦葉，於彼惡世，能修其心。」

爾時摩訶迦葉骨身，即說偈言：

「頭陀是寶藏，持戒爲甘露；能行頭陀者。

必至不死地；持戒得生天，及與涅槃樂」。

說此偈已，如琉璃水，還入塔中。爾時說法之處，廣八十由旬，長百由旬。其中人衆，若坐若立，若近若遠，各自見佛在其前，獨爲說法：「彌勒佛住世六萬億歲，憐愍衆生故，令得法眼；滅度之後，諸天世人，闍維佛身。時轉輪王，收取舍利，於四天下，各起八萬四千塔；正法住世六萬歲，像法亦六萬歲；汝等宜應勤加精進，發清淨心，起諸善業，得見世間燈明彌勒佛身，必無疑也。」

佛說是語已，尊者舍利弗、尊者阿難，即從座起，爲佛作禮，胡跪合掌白佛言：「世尊！當何名斯經？云何奉持？」佛告阿難：「汝好憶持！普為天人分別演說，莫作最後斷法之人也！此法之要，名一切衆生，斷五逆罪，淨除業障、報障、煩惱障，修習慈心，與彌勒共行，如是受持。亦名一切衆生得聞彌勒佛名，必免五濁世，不墮惡道經，如是受持。亦名破惡口業，心如蓮花，定見彌勒佛經，如是受持。亦名慈心不殺不食肉經，如是受持。亦名釋迦牟尼佛，以衣為信經，如是受持。亦名若有聞佛名者，決定得免八難經，如是受持。亦名彌勒成佛經，如是受持」。

佛告舍利弗：「我滅度後，比丘、比丘尼、優婆塞、優婆夷，天、龍、八部鬼神等，得聞此經，受持讀誦，禮拜供養，恭敬法師，破一切業障、報障、煩惱障，得見彌勒，及賢劫千佛，三種菩提，隨願成就，不受女人身，正見出家，得大解脫。」

說是語已，時諸大衆，聞佛所說，皆大歡喜，禮佛而退。

X

(一)、兜率淨土與十方淨土之比觀

太虛大師

1. 概說

現在特別提出「兜率淨土與十方淨土」比觀一下。

釋迦牟尼佛所以要說這一部經，莫非使現在將來一切衆生依經修觀，往生兜率內院的。然此內院乃是彌勒菩薩無漏福德所成，也是諸天與供之勝妙善根所成的淨土，所以一生其中，就得不退轉於阿耨多羅三藐三菩提；故並非通常之生兜率天可比，我們要曉得，淨土是對穢土說的，由正報而有依報，有依報必有正報，故言淨土即總攝依正莊嚴，十方諸佛菩薩所居皆爲淨土，二乘聖者及六凡衆生依住地方則淨穢非一，區別不一；現在專就淨土來說，把十方淨土與兜率淨土來略做觀察。

2. 十方淨土

淨土是很寬廣的公共名字，猶如光是講寺院，即包括全中國的寺院都在其內，舉雪竇寺則說一寺，西方彌陀淨土、東方藥師琉璃淨土、維摩經之東方阿閦淨土等，上方衆香淨土，此皆各舉淨土之一種，故法華經說：「臨命終時，千佛授手，十方佛土，隨願往生。」謂隨諸有情心之所好，皆可往生，現在中國人大概只曉得彌陀淨土，比如只曉得雪竇寺一般。淨土種類略分爲三：一、究竟淨土，即法性佛土及自受佛土，天台教說名常寂光淨土及圓滿之實報莊嚴土、二、他受用佛淨土，佛爲十地菩薩所現淨土，天台教說，爲圓滿實報莊嚴土，以上皆非凡夫外道二乘所能到的。三、方便攝受衆生淨土，這就是現在一般人所謂彌陀極樂淨土乃至彌勒兜率淨土等，是爲何等人設此往生淨土法門呢？爲發大乘心行菩薩道，在這一生未得成度生自在，轉世恐有退墮，乃攝歸方便淨土中爲作依靠，凡夫外道貪生死者不求生淨土，二乘自求涅槃，大乘聖位菩薩則能自生華藏淨土等，故不須求往淨土，所以十方佛菩薩變現淨土，專爲攝學發大乘心而未自在者所設立；這是講十方淨土大概如此。

3.兜率淨土

現在再就無量淨土中來講攝受我們最親最接近的是兜率淨土，上面十方淨土普遍攝受十方世界的衆生。如普通大學之各科學術是應學生之要求而辦的，僧學院是專門教育僧徒的，彌勒內院淨土也是這樣，是專爲攝化此土有情而設，故說兜率淨土之殊勝有三：一、十方淨土有緣皆得往生，但何方淨土，與此界衆生最爲有緣，便未可知，彌勒菩薩以當來於此土作佛，教化此界衆生，則與此界衆生特現兜率淨土，以法爾所緣故應發願往生兜率，親近彌勒也。二、兜率淨土，同在娑婆同在欲界，此變化淨土在同處同界，而與此界衆生有親切接近之殊勝緣，故他方淨土汎攝十方有情，而此別專化此土欲界衆生也。三、彌勒淨土，是由人上生，故其上生，是由人修習十善福德成辦，即是使人類德業增勝，社會進化成爲清淨安樂者也，因此可早感彌勒下生成佛，亦爲創造人間淨土也。以上講十方淨土與兜率淨土之比觀，大約如是。

4. 慈宗名義

上來已講完兜率淨土與十方淨土之比觀，今將慈宗的名義，再來講一講。

「慈宗」，就是「彌勒宗」，梵語彌勒，此譯爲慈氏，依據慈氏爲宗，乃立「慈宗」的名義。民國十二年元旦，我在武昌佛學院，選集瑜伽真實義品以明其境，菩薩戒本以軌其行，彌勒上生經以明其果，叫做慈宗三要，在敍文有幾句：「遠稽乾竺，仰慈氏之德風；邇徵大唐，續慈恩之芳燄，歸宗有在，故曰慈宗。」是定這個慈宗名義的緣起。在平常看起來，慈宗似乎就是慈恩宗，其實不然，慈恩宗是唐高宗皇帝建大慈恩寺於陝西長安，時玄奘三藏已從天竺回國，大弘新譯經論，高宗請玄奘法師住持大慈恩寺，其高足窺基法師繼之，都稱慈恩大師；主弘法相唯識教觀，此慈宗之所由立名也。但與慈宗蓋不無大同小異，故民國二十年的時候，我於長安大慈恩寺恢復慈恩宗由妙闊法師創持慈恩宗學，以繼慈恩宗血脈，此刻對於現稱的慈宗有親切之關係。然慈宗最重要者在宗奉慈氏菩薩，以上生內院。比如念阿彌陀佛以求生極樂世界，專以阿彌陀佛爲宗奉，持名觀想實相之所念，皆在阿彌陀佛，此亦如此，專在慈氏如來。玄奘窺基法師雖亦生兜率，然習法相唯識者不一定以上生彌勒內院爲宗，也有宗慈氏生兜率的不習法相唯識。中國淨土初祖盧山慧遠大師的師父道安法師，已竟宗奉慈氏宗以求生兜率內院，這是慈恩宗以前早有慈氏宗流行的意義。且求生西方彌陀淨土的流行中國，在唐朝善導大師之後，推考唐朝以前還是修彌勒宗的來得多；如中國唐以前的古像以彌勒爲多，唐以後才雕刻彌陀或西方三聖像，所以現在依慈氏爲宗的慈宗淵源甚古。

法相唯識教觀都依慈氏爲根本，故慈宗可以包括慈恩宗，但慈恩宗則不能概括慈宗，今慈宗三要及舉其最重要的三種，已然備經律論三藏：真實義品明教理屬論，菩薩戒本軌行持屬律，上生經修證上生果屬經；再推而廣之，則唯識宗並常稱「六經十一論」，所謂之華嚴經、解深密經、厚嚴經、分別瑜伽經、大乘阿毗達磨經。十一論：瑜伽師地論、大乘莊嚴論、顯揚聖教論、辨中邊論、成唯識論、百法明門論、唯識二十論、集論、雜集論、攝大乘論及觀所緣緣等。又慈氏菩薩所說金剛經論、現觀莊嚴論等法性經律論以及經律論三藏中之宣說慈氏行果者，都是慈宗的法藏。然這還不過就慈宗的主體上說，若依全體廣用來說，凡本師釋迦牟尼佛所弘揚之法門，教化之生類，都咐囑慈氏菩薩，在各種經律上也都講到彌勒菩薩的因緣，如無量壽經中便是也。以彌陀淨土附囑彌勒菩薩宣揚，而禪宗的初祖迦葉尊者也肩持釋迦佛依，入定雞足山，以彌勒當來下生成佛的時候，出來交付，所以關於本師釋迦牟尼佛所稱大小性相顯密禪淨等法門，皆爲當來下生彌勒佛，所承前而啓後的慈氏宗之所宗；現在一切五乘三乘大乘性相顯密的佛法都是彌勒菩薩所擔當宣揚的佛法，由是融攝各宗派，以慈氏爲大皈依處。而觀察古今流傳世上之佛法，在印度流行有三個五百年不同：初五百年三乘或小乘的佛法，現在流行世上是錫蘭緬甸暹羅等處；第二五百年龍樹馬鳴無著天親等出世，將佛滅後隱没的大乘佛法，發揚光大出來，即現今流行中國日本朝鮮等者皆是；第三五百年顯密大乘而並行，密宗獨盛的時候，今流行西藏西康青海蒙古之處者皆是，此諸佛法皆投各時各地之機宜而差別：溯其根源，都從釋迦牟尼大圓覺海之所流出，而皆會於一生補處，慈氏菩薩爲承前啓後之總樞，如是觀察，隨機攝化的佛法，當可得證無上菩提之果，而向來宗派的區別，也可不須執定，是一非諸了。

由是以觀察一切的佛乘可分三類；一爲出世間共修之五乘法，二爲出世共修之三乘法，第三再進一步爲不共大乘法，於大乘法則其偏勝又可分境行果三，其實互攝互涵的，例如：真實義門理境，其中也有所修法空觀及四攝六度等行，由行趣證，離言法性，終得涅槃菩薩妙果；菩薩戒本注重於行，但是也有境與果的意義，先觀境發有大菩提心，才修菩提戒行，行滿自然得果。彌勒上生經屬於得果，然慈氏之現在一生補處果，當來究竟佛果，也由自證，離言之理境，而方便設立教化有情之內院淨土，使上生者得不退菩薩果位，亦由修行以成。這樣講來，都有互涵之意；經云：「於釋迦法中發菩提心者，行十善者。」皆得生兜率淨土，依境起行，由行趣果，雖然互相通攝，也有各各特殊處以分齊限，大略可分五乘三乘一乘，及一乘的境行果的區別，也有經論可爲共不共佛法總綱要之概論者，慈宗以此共不共法總明一切佛法義理淺深之意旨。故慈宗就是一切佛法的總樞機，也即從釋迦佛大圓覺海流布在世上以度生成佛之佛法全體大用，皆會歸宗依於當來下生慈氏佛，謂之曰慈宗也。（本文爲太虛大師在民國廿

五年四月於奉化雪竇寺之演講，由智定記錄）

——本文取自「太虛大師全書」第十八冊中

㈡、南無當來下生彌勒佛

印順導師

諸位法師，諸位居士：依照農曆的習慣說，今天是新年的第一個星期日，也是我們第一次爲佛法而聚會，第一次宣講佛學。首先，在三寶的威德加被中，爲諸位發願，祝大家福慧增加、身心安樂。

佛教新年的第一件大事，就是禮讚稱念：「南無當來下生彌勒佛」。這是過去大陸上大小廟宇共同舉行的。因此，有以爲年初一是彌勒佛的誕辰。其實，彌勒還是菩薩，還是「當來下生」；彌勒佛尚未下生，那裡來的生日呢？那末，爲什麼中國的佛教徒，都在除夕晚上，舉行彌勒普佛；初一早上，又稱念彌勒的聖號呢？要知道，這就是表示學佛人新年第一件大事——共同發願：祝彌勒佛早日下生到此世界來。雖然，經裡說彌勒佛要經過若干時劫纔下生到這個世間。可是，佛弟子卻希望彌勒佛早日下生，這是學佛人的深切願望，是很有意義的一件事。因爲彌勒菩薩下生成佛，有二種好處：一、彌勒下生成佛時候的世界，和我們現在所住的五濁惡世不同，那時候的世界是清淨幸福的。依據經裡所說，那時世界和平，人口衆多，財富無量，沒有苦痛與困難，真是快樂極了。所以佛弟子希望彌勒早早下生到這個世界來，大家好同享和平自由的幸福。二、彌勒菩薩下生成佛，佛法昌隆，所謂龍華三會，有衆多衆生發出離心了生死，衆多衆生發菩薩心志願成佛。從世間方面看，那時的世界是繁榮幸福的；從佛法方面看，是充滿了真理和自由的。必須這二方面具足，才可稱爲快樂幸福的世界。如佛法昌隆，而世人卻生活在苦痛之中，這當然是不夠圓滿的。如世界繁榮，而沒有佛法，如天上一樣，大家不向上求進步：了生死，成佛，那也是不夠理想的。彌勒菩薩降生的世界，這二個問題同時解決。世界既安樂幸福，人們也知道依佛法了生死，發菩提心。這是太好了！所以佛弟子新年第一件大事，就是爲彌勒菩薩早日下生而發願，稱念「南無當來下生彌勒佛」。世人每謂佛教徒只求自了，不問世界的福樂，可說是完全誤會。真實的佛弟子，希望世界和平，國家富强，佛法昌隆，絕不是比不上別人。這可以由佛弟子新年的祝願中看出。

知道了佛弟子在年初一的希願，然後我們要進一步說，僅止是發願是不夠的，必要有一種方法，使這願心獲得成就。其方法可有兩種：一、看彌勒菩薩在釋迦牟尼佛法會中是怎樣的。經裡說：彌勒菩薩是「具凡夫身，不斷諸漏。」又說：「雖復出家，不修禪定，不斷煩惱。」彌勒菩薩的真實功德，不是我們所知道的，但他在這世間，爲引導我們所表現的風格說，彌勒菩薩還是一個凡夫；他不但不是佛，也沒有斷除煩惱，成爲四果羅漢。他雖是出家人，然並不攝意山林，專修禪定。不修禪定，也不斷煩惱，好像是一位沒有修行的。其實卻不是這樣的。彌勒菩薩之所以表現這種風格，因爲在五濁惡世，菩薩的修行，應該重在布施、持戒、忍辱、精進、慈悲、智慧……。

如不修習這些功德，福德不足，慈悲不足，專門去修定斷煩惱，是一定要落入小乘的。彌勒菩薩表現了菩薩的精神，爲末世衆生作模範，所以並不專修禪定，斷煩惱，而爲了利益他人，多作布施、持戒、忍辱、慈悲、精進等功德。經裡曾有人發問：像你彌勒菩薩的這樣不修禪定，不斷煩惱，何以能成佛呢？而釋迦牟尼佛卻說：唯有他才能當來成佛。因爲行菩薩道的人，多重於利他，是於利他中去完成自利的。

二、不但要學習彌勒在釋迦法會中所表現的，爲我們作榜樣的風格；我們希望彌勒菩薩早日下生，那要怎樣去修行，才可以實現此一希有的願望？最可靠的方法，就是彌勒菩薩在那裡，我們也去那裡；等到彌勒菩薩下生的時候，我們也跟著一齊來，在龍華三會中，見佛，聞法，斷煩惱，了生死，發菩提心，修菩薩行。彌勒菩薩現在上升兜率天內院，學佛的應該求生兜率；將來彌勒菩薩下生成佛，三會說法，就可以參預法會，增益功德，自行化他。要達到此一目的，就要與彌勒菩薩結法緣。彌勒菩薩的特德，可以從他的姓名中看出。梵語彌勒，譯爲中國語就是慈。他最初發心，是從慈心出發的。一般人每合稱慈悲，其實，悲是悲憫心，著重在拔救他人的苦痛；慈是與樂心，衆生沒有快樂與幸福，要設法給與他。菩薩，慈與悲都是具足的，不過彌勒菩薩的特德，側重在修習慈心。經裡說彌勒菩薩最初發心時，即不殺生、不食衆生肉；從此以來，都以慈爲姓。

像釋迦牟尼佛，發願在五濁惡世裡成佛，拔濟苦痛的衆生，象徵著釋迦佛的悲心殷重。彌勒菩薩當來下生的世界是淨土，發願在淨土成佛，人人得享快樂幸福，這象徵著彌勒佛的慈心宏博。我們了解這點，就要與彌勒菩薩一樣的發心，隨時隨地，盡自己的力量去幫助人，使他人得安樂，得利益。素食、不殺生，都是增長慈心的方法，彌勒菩薩因修習慈心法門而稱爲慈氏。大家能這樣做去，就可以與彌勒菩薩的慈心相應，不難上生兜率天了。彌勒菩薩將來下生，要在清淨世界中，這可以用淺近的比喻來說。如一國的總統，要到某處去，那個地方總是先爲整齊潔淨一番。如這個世界不使它逐漸地轉向清淨，彌勒菩薩是不會下生到此世界來的。如這個人間，逐漸地轉向清淨，到那時輪王出世，專以道德化人，社會繁榮，世界和平，彌勒菩薩下生的時間，也就到了。假使世間逐漸地清淨，應修習「和樂善生」的法門。人與人間，要和諧、相親，彼此和合共處，減少鬥爭、摩擦、苦痛與困難，也就會合理的解決。世間怎樣纔算是幸福？彼此和樂共處就是幸福；彼此不和不樂，就沒有幸福可言。如不能和樂，就是有金錢，有高樓大廈，也是充滿痛苦的。又如目前的大陸，進行恐怖政策，到處鬥爭清算，鐵幕活像地獄，更有何幸福可說？如彼此能諒解，和樂相處，就是生活在苦難中，也是充滿歡喜與信心的，一定會一天天走向光明的。所以佛法淨化人間的根本，重在和樂互助；要達到彼此和樂互助的目的。須修習善生的法門。什麼是善生的法門？簡單地說，即修習五戒十善。大家能做到不殺生、不偷盜、不邪淫、不妄語、不貪、不瞋、不痴，世界就可以達到繁榮和平與自由。

人間的苦痛解除，世間才有真正的進步。如不照此和樂善生的法門去修行，你殺我害，你搶我奪，互相淫亂、欺詐，這個世界就永遠談不到和樂善生。經裡告訴我們，要親近彌勒菩薩，要想龍華三會有我們參加的份，就要勵行此善生法門。大家這樣做了，世間自然清淨，彌勒菩薩也自然下生了。

中國佛教徒大年初一的大家發願，裡面含有佛教徒的真正願望。要想使此一願望實現，增長我們的慈心，是根本的問題。一般人過年，彼此見面，都道一聲恭喜，問一句：你好？這也是希望別人喜樂的意思。大家能維持新年的心境，真能做到願意別人好；人人能這樣想，這樣去做，社會自然的就進步，人人有幸福可享。如大家不這樣做，見他人有好處、快樂、幸福，而心生障礙、嫉妒、破壞，社會自然就難得和樂清淨了。學佛的人，處處希望他人好；雖然希望自己好，但希望他人比我更好，這才是佛教的存心。再加上奉持五戒，修習十善，自利利他，讀大乘經，念彌勒名，發願往生兜率淨土，將來彌勒下生時，一定會共享世界清淨佛法昌隆的幸福，一定會從龍華三會中，得解脫，成正覺。太虛大師一生提倡往生兜率淨土的法門。凡是大師創立的道場，每日早上，皆誦持彌勒上生經，和稱念彌勒菩薩名，就是這個意思，總之，我們要念彌勒菩薩的聖號，還要同彌勒菩薩一樣作慈念一切衆生，廣行一切和樂善生的法門。

平常說：一年之計在於春。今年我們來修學佛法，大家要從此新年做起，發願立志。無論是修學何種法門，都要將此祝望彌勒早日下生和世間早得安樂爲根本。由於願望一切人得到快樂幸福，而自己勵行五戒，奉持十善。

佛弟子祝願彌勒淨土的早日實現，從宋朝以後，歷元、明、清，有些外道，都利用人類的希望，假說彌勒菩薩下生了，說王某或張某即是彌勒菩薩。像過去白蓮教等，都有此話。這些外道，想借此作號召而造反，爭權利，其實他們的所行，是完全不合佛法的。他們假借彌勒降世的名目，而來殺人放火打天下；不是增加人人的快樂幸福，而是增加社會的苦難，與彌勒菩薩的願行，是絕對相反的，彌勒菩薩那裡會在這樣擾亂的世界降生呢？真正學佛的，要從淨化自己的身心做起，人人都能這樣做。清淨安樂的世界，自然可以到達。今天，希望大家在這新年開始的時候，共同發願：願人人得到快樂幸福，世界和平自由，佛法昌隆，人人走上學菩薩成佛的大路，以求實現與彌勒菩薩同生一處，親逢龍華三會。（印順法師農曆正月初五日在善導寺共修會講，法增記）

——本文取自「現代佛教學術叢刊」，第六九冊。

(三)、彌勒史話

海天

當我教主釋迦世尊，從兜率內院降生印度的時候，彌勒亦隨之下生南印度婆羅門家，號一切智。自從釋迦在菩提樹下成等正覺後，名聲傳播了五印度。彌勒這時，忽有所感，認清了宇宙人生的真相，即刻捨棄了一切享受，斷去俗塵，一心一意的去歸投世尊而出家，……隨聞佛法，證無生忍。不久之間，佛在王舍城鷲峯山上，與他受記。後來並說了一部「佛說觀彌勒上生兜率陀天經」，講到彌勒的事跡時，佛特地對優波離尊者這樣地說：「此人從此十二年後，必得往生兜率天上。」那時在座大衆，聞佛所說，皆大歡喜，無不踴躍齊呼：善哉善哉！在那一部經裡，完全講彌勒上生兜率陀天底情形，也可以說，是證明也上生兜率的事實。

嗣後，智慧第一的舍利弗尊者，從座而起，偏袒右肩，合掌緩步至前，稽首說道：「彌勒上生已知，未來下生，不卜何種境界，世尊！能為說歟？及諸在座，皆願樂欲聞？」世尊聽了他這一番至誠祈請的話，為滿足衆願，乃應舍利弗的請求，就將彌勒未來下生成佛的境象說了一番，如：國王嚴飾，人民安樂，五穀豐收，民情敦厚，風火刀兵全無的太平時代，人民壽命八萬歲等等。大衆聽了，皆願往生兜率淨土，將來再隨 彌勒下生人間。其他情形，世尊亦詳細的為當時大衆分別解說，這就是「佛說彌勒下生成佛經」。這部經的內容，將婆娑世界的國土，及未來彌勒下生時的安樂世界都說得很詳盡！至若未來彌勒下生的時候，八相成道、說法度生，都有詳細的記載。授記經云：「汝彌勒受我記後，將來成佛度脫人天。」「已度脫者，今已度脫，當度脫者，已得度脫因緣」「未來事業、完全負荷於汝」。這是佛當衆對彌勒說的，也就是彌勒位居補處，當來在此娑婆世界成佛的鐵證。這是彌勒菩薩簡單的歷史。

彌勒與釋迦世尊，過去曾在弗沙佛座下，同發菩提心，彼此均有一顆未來成佛的心向，只因彌勒一時貪著名聞利養，所以遲至今日，猶未成佛。

彌勒是中國的譯音，具足應曰：「彌怛利耶」，華文譯爲「慈氏」，因其累生多劫，修行「慈心三昧」故以爲名。「慈氏」爲姓，「阿逸多」是名。阿逸多亦是梵語，華言：「無能勝」。悲華經云：「彌勒發願於刀兵劫中，擁護衆生，是則慈隆即世，悲臻後劫，至極之慈，一切權小皆無能勝，故以名焉。」慈氏二字，我們顧名思義，即可瞭解其中之含義，關於慈氏的來歷，因緣實太多，諸經典中敍述甚詳，這裡無用多贅。然而，他不但在因地以慈氏爲姓，即他成佛以後，亦稱爲慈氏。心地觀經說：「彌勒菩薩慈氏尊，從初發心不食肉」；由這兩句經文，我們可以曉得彌勒得名的由來。彌勒菩薩從初發心就不食肉，修行慈心三昧，久遠劫來，從未間斷？同時，常在定中觀察一切衆生的本性，「平等平等，無有高下」。所以他說：「我肉衆生肉，名殊體不殊。」所以他「永不食一切衆生肉」，在他初發菩提心的時候，就發下了這個誓願！從此他的一顆晶瑩的慈悲心腸，將永遠地照耀在學佛人的心裡。

我們從彌勒的歷史看來，從來大乘學佛者的不食衆生肉，其歷史淵源，應即原本於此的。釋迦世尊，爲憐憫衆生，特在大乘經中，明白規定不許菩薩食衆生肉。所謂「夫食肉者，斷大慈悲佛性種子」。的確，由於衆生而起大悲，由大悲心而成正覺，這是我們爲佛弟子者修養身心最基本的條件。後來有許多嚴持戒律的出家人，甚至蚊子叮滿了身，也不傷害一條生命，於是大家就給這種苦行的人起一個名詞，叫做「齋身布施」。就是有時舉手動步而誤傷到生命，其人心中也總帶著懺悔和抱歉的心理；甚至還私下誦經超度牠，令牠早些往生，這是學佛人的最上品性。中國的學佛者（出家人和一班大德居士），是最重戒殺生和放生，並特別爲之提倡。我以爲，凡是不食肉的人，都可以說是修慈心三昧的行者！

彌勒於釋迦世尊住世時，不久之間，即往生到天上——欲界六天中第四「兜率陀」天，亦音譯爲「睹史多」天，義譯曰「知足」。因此天中的人，於五欲「財、色、名、食、睡）不生貪著，能夠了達因果的諦理，對「思衣得衣，思食得食」的境界，能夠知量知足，故名知足天。慈氏住此天中的內院四十九重如意寶殿，晝夜常爲天人說：「阿毗跋致」的妙法。第四天中還有外院，因爲外院，尚有男女對笑之習氣未盡，屬於凡夫；內院則無，故慈氏依此而住；也是每一位最後身菩薩之住處，故此內院又名「一生補處」。因爲彌勒生於此，所以有彌勒淨土之稱。修彌勒淨土，在中國唐朝以前，很是盛行，唐以後，由於大小彌陀經的翻譯，大家都發願生西方淨土，所以到後來彌勒淨土簡直連名詞都很少聽到了！現在我們普通修行的淨土，多是指的西方淨土；雖然淨土說來是很多的，例如：藥師經中講東方有琉璃淨土、維摩經中說阿閃佛有妙善淨土、華嚴經說有無盡淨土，乃至法華經講有十方淨土，這些淨土，我們學佛的人，自然都可發願往生。

但是，唯有往生西方淨土一生補處，得不退轉，這好像留學生一樣，一日留學出國，便穩取學位，絕不中途退學似的。

所以學佛修淨土的，多以爲生到西方極樂土去爲最好。等到往生到西方淨土，十方淨土上還是不相障礙的。但是修學唯識的人，卻多半發願往生彌勒淨土——內院，親覲彌勒，依法修行，將來還要隨彌勒下生，而獲初會得度的因緣；再從聞思修而證果，當得授記的良機。

慈氏菩薩，上生到知足天，並不是爲享受而上生的，是欲自利利人而上生的，換句話說，爲欲成佛度生而上生的。彌勒菩薩自己修學仍未圓滿，所以他有「上求佛道的志願，下化衆生的悲心」。他除了與天人說法，還要至他方世界，在諸佛座下聽教、聞法，一俟衆生緣熟，即施用權巧，來人間隨類示現，將醍醐正法，施與衆生，灌溉一切衆生菩提種子。令茲潤生芽，增長，這就是菩薩的慈悲心腸，自立立人、自利利他的大乘菩薩。說到彌勒隨類應化的事實，在我們中國，例不勝舉，真是太多了！據我所知以及聽到法師們口頭上常說有正史記載的，約有兩次：依世界的公曆來說吧！彌勒菩薩，已經上生將近有二千五百餘年了！一談到他應化人間的事，真有「千百億」之多，只因「時人自不識」。我現在將我所曉得的寫出來給諸位看，這就是彌勒在中國浙江省應化的兩件公案：

一、在我國六朝時的梁代，彌勒於今浙江義烏縣城，現居士身，化名傅翕，人皆稱他爲傅大士，與梁武帝友好，常詔入京（即今南京），於是在宮中大開法筵，宮中諸人得益匪淺，尤其是武帝深受其感化，而爲佛教的忠實信徒。武帝的愛妃郗氏，不信佛法，毀謗三寶，真是無所不用其極；因其罪業深重，終於急病暴死，墮入蟒身。一日夜間托夢向武帝哀泣云：「我因生前毀謗三寶，故遭此長身大蟒，聖君如不代我敦請梵僧大德超度，那我永不脫離……。」武帝驚醒後，即徵詢滅罪之法，傅翕因介紹鎮江金山江天禪寺寶誌禪師。於是武帝御駕親往，就於寺中啓建無遮法會，四十九日，即今日所流傳之梁皇寶懺是也。妃後又托夢告武帝云：「承做功德，已獲生三十三天（忉利天）。」這時傳大士遊化他方，不知所蹤，曾著「心王銘」和「法身頌」。這兩部書，供後人傳誦，相傳大士即彌勒菩薩之化身云，適值其時達摩東來，將禪宗帶入了中國，這是本國有禪宗之始。……那時的佛法，真是盛況空前，佛法的燦爛之花，曾開遍了全國各地。「南朝四百八十寺，多少樓台煙雨中。」由這兩句詩，我們可見武帝對當時佛教的熱心，也可以知道那時佛法的興盛情形。這一點，不能不歸功於彌勒菩薩化身示現的傅大士了。

二、到了我國後五代時，也是梁代，又應化於今浙江奉化縣——作布袋和尚，自稱「契此」，此契字，在經注上說：「契爲契合之義，上能契合諸佛之理，下能契合衆生之機」，布袋和尚因能契合此方衆情，故云此契。又外號「長汀子」，因身體肥碩故名。終日袒胸露腹，出語無定，常持錫杖荷布袋，右手提羅漢珠遊化四方，見則求乞，藏於布袋，故世人稱爲布袋和尚。有一次作「遊戲三昧」於浙江天童寺，故事是這樣的：當天傍午，聞寺中梆響，隨衆僧到「五觀堂」受供，頓時風雨大作，他現出嘻笑瘋顛的模樣，老實不客氣的就爬上了中央方丈和尚的飯桌，這時僧值師喊他下來，他不理睬，僧師又叫行堂師把他拖下來，無奈他穩如泰山，動也不動一動。這時僧值師光火了，趕忙走到中央，氣衝衝地用他的右手，揪住他垂肩的左耳，想把他拉下座來；僧值師拉住他的耳朵只顧朝前走，孰知他的耳朵就跟著他拖了一丈多長，而身體卻絲毫不動。這時，兩旁大衆見了這情形，都嚇得目瞪口呆起來。

「大和尚來了！」侍者師見到僧值師沒有呼「站起來」，於是就打僧值師招呼似的說了這麼一聲。

僧值師見到方丈和尚來了，就走近把這件事說明給他聽，這時，僧值師滿以為法座上的布袋僧要吃大和尚的耳光的，那知大和尚反而呵斥他起來。並且很和藹地對布袋和尚說：

「請慈悲他的愚昧吧！就請你坐在這兒。」

「我要天天坐在這裡！」布袋和尚這樣地回答說。

因爲這位方丈和尚對於這位布袋僧，早就有所認識了！於是就另立座位於對面，從此以後，每天受午供的時候，布袋僧也就來了，老實不客氣的總是坐在中央飯桌上，而那位方丈和尚，從此以後，中央的座位也就不坐了！至今，家家寺院五觀堂中；中央還有供彌勒像的遺風，就是從這則公案而來的。後來，每個寺廟裡，所塑奉的彌勒菩薩，還都是布袋和尚的容態呢！

到了梁貞明三年，布袋和尚就掛錫於岳林寺，因爲他的遊戲人間的因緣盡了，就向大衆告辭，結跏趺坐在殿前大磐陀石上。這時，寺中的大衆都聚集了來，靜聽他的法旨。他最後遺偈云：「彌勒真彌勒，分身千百億，時時示於人，時人自不識。」

由這兩段公案，足見彌勒菩薩，與我國衆生，真有一段不可磨滅的因緣。

以上我拉雜敍述彌勒菩薩的因地事蹟，在他的四句遺偈中，我們便可一目了然了！最後，我用太虛大師讚仰彌勒的偈頌，來結束我的這篇史話。其偈云：

彌勒菩薩法王子，　從初發心不食肉；
以是因緣名慈氏，　爲欲成熟諸衆生。
處於第四兜率天，　四十九重如意殿；
晝夜恒說不退行，　無數方便度人天。

——本文取自「現代佛教學術叢刊」，第六冊　四十三年六月望日於台北十普寺

㈣、論往生難易

窺基大師

第四、往生難易者，且如西方天親淨土論，無著往生論，俱言報土：女人及根缺，二乘種不生；又阿彌陀經云：非少善根因緣而得生彼；又言：其中皆是阿毗跋致諸大菩薩。又觀經云：上品上生，得無生法忍，須臾之間，遍十法界，奉事諸佛，即得受記；上品中生經一七日，得不退轉，經一小劫，得無生忍；上品下生者，經日夜蓮開，三七後，了了方聞説法音聲，經三小劫，住極喜地。中品上生，應時即得阿羅漢果；中品中生者，經七日華開，得須陀洹，經半劫已，成阿羅漢；中品下生者，過七日已，華開遇二大菩薩説法，經一小劫，成阿羅漢。下品上生者，經七七日華乃敷，經十小劫具得百法明門，得入初地；下品中生者，經六劫，蓮華乃敷，聞二菩薩説法，發無上道心；下品下生者，經十二大劫，蓮華乃開，聞說法已，方發道心。百法明門說初地得，豈阿羅漢勝初地耶？又中品生得阿羅漢，下品始發心，即迂會者勝直往耶？又言得須陀洹等，豈由片時修故，遂便得果，處處皆說阿羅漢果，若純根者，六十劫成，豈由小善，遂超生死成利根阿羅漢？又云：作諸觀成，得生西方，豈舉心已，諸觀便成？若由小善便得果者，便同說假部由福故得聖道，道不可修，道不可長。觀無相等資糧加行，便徒施設。又無垢稱經云：若諸菩薩行於八法，行無瘡疣，方生淨土：一、思於有情恒作善事，不希善報；二、思代有情受苦，所有善根悉迴施與；三、思於有情其心平等，心無罣礙；四、思於有情摧伏憍慢，敬愛如佛；五、信解未聞經典，無礙無謗；六、於他利養無嫉妒心，於己利養不生憍慢；七、調伏自心，常省己過，不譏他犯；八、恒無放逸，當尋善法，精進修行菩提分法。豈生淨土者，皆具八法也？又對法第十二卷云：別時意趣者，如說若有願生極樂世界，皆得往生，意在別時。故攝大乘云：譬如一錢而得千錢，意在別時；非唯由發願，即得生故。又云：對治秘密者，一、治輕佛；二、治輕法，故說我於爾時曾名勝觀如來等，與彼法身等無差別，故法華經云：我成佛道以來無量無數劫等皆是；三、對懈怠，故作如是言：若有願生極樂世界，皆得往生；四、對治小善生喜足故，於一善根或時稱讚，爲令歡喜勇猛修故，或時毀呰；五、治貪行者，稱讚淨土富樂莊嚴；六、治慢行者，稱讚諸佛或有增勝；七、爲除悔惱障修善法，說如是言：於佛菩薩雖行輕毀，然彼衆生，亦生天趣；八、爲除不定性，於聲聞等下劣意樂說，大聲聞當得作佛。又說一乘，更無第二。又佛毫相，如五須彌，豈凡、地前能見此相，身量大小可得？初地所見，凡若能見，皆爲超越。又念彌陀，彌勒功德無有差別，現國現身，相成勝劣。但以彌勒惡處行化，慈悲深故；阿彌陀佛淨土化物，慈悲相淺。又淨土多樂，欣生者多，厭心不深念令福少，非奇特故。惡處多苦，欣生者少，厭心深重，故念福多，甚希奇故。雖知佛力，念亦可生，聖教不同，屢生心惑，知足天宮同在此界，外道內道，大乘小乘所共信許，既是化身，決定得生。由此經文，四衆行六事法，八部聞名歎喜，造諸惡業，懺悔歸依，修十事行，迴願生彼，一切皆得。菩薩處胎經第二卷云：彌勒初會九十六億受持五戒者；次九十四億受持三歸者；後九十二億一稱佛名者，故知微善迴向，皆是往生成佛。經中說由十一業來生我所：一謂讀誦分別決定修多羅、毗尼、阿毗曇爲他演說，讚歎義味，不生嫉妒，教於他人，令得受持，修諸功德，來至我所。故知不由唯修勝業，方始得生，諸教共同，必無異說。或有釋言：生西方者，決定不退；生兜率者，或可有退，故不願生，理亦不然。此經亦言：諸有敬禮彌勒如來，聞名稱名，暫睹豪光，下至聽聞彌勒所說一句法義，歸依生彼，定不退於無上正覺。無量劫罪皆盡消滅，無量善法運運生長。故見彌勒得生彼所，雖有天女種種侍衞，或佛菩薩所化爲，或實天女，彼聞能說不退之法，厭欲過患，必然退轉。佛力所知，心生決定，豈由欲界即皆退耶？位至不退，處處皆不退；未至不退，彼阿必不退？且上聖上賢，皆修此業。西域記說：西方即有無著、天親、師子覺等菩薩；高僧傳說：此方亦有彌天釋道安、法遇、道願、曇戒等；近親所見：大唐即有三藏和尚、文備、神泰法師等，皆修彼業，兼有上生靈感：或有身在現相，或有將終現相，或有生後現相，人所共知，具如別傳。西方勝處，人所樂生；此土穢方，誰能願住？但以經論明證，賢聖同修，背苦求樂，誠非上士！故無量壽經下卷云：閻浮提一日一夜受持齋戒，勝無量壽國百年修善，以彼佛國無有惡故；又維摩經云，閻浮提修道一日一夜，過諸佛土百千大劫。良以此世界中有十勝事，謂以布施攝貧窮等，厭苦心深，有苦可拔；西方淨土，便無是事處，穢方而修淨行，實聖者之利他；居淨域而嚴淨因，非上士之弘濟。願於盲暗世界爲作燈明；邪見衆中，安立正道。由業行殘缺，願往西方，萬一不生，恐成自誤！故當己行，應修此業。

——此文見窺基作「觀彌勒菩薩上生經疏題序」。

㈤、彌勒淨土往生錄

彗廣輯

1.五百童子造塔　報生兜率聞法

聞如是，一時佛遊波羅奈國，與大比丘衆，千二百五十人及諸菩薩俱。

爾時五百幼童，行步遊戲；同心等意　相結爲伴；日日共行，如一體無異，一日不見，猶如百日，甚相敬重。彼時一日俱行遊戲，近於江水，乃興沙塔廟，各自說言：「吾塔甚好，汝效吾作！」其五百童，雖有善心，但宿命福薄。爾時於山中，天下大雨，積水下流，江水乃大漲，溢出於外，漂没五百遊戲幼童，溺死水中，屍體隨流，衆人見之，莫不歎惜！各心念言：「可憐！可憐！」父母舉聲，悲哀大哭！不能止。求體埋葬，已不知所在，益增悲痛。

時衆人往反，諸比丘乃以此事白佛，佛告衆人：「各豫知之，宿命有自。」呼諸父母，告之莫恐，「此兒五百世，宿命應然，今雖壽終，生兜率天，皆同發心，爲菩薩行。」佛放威神，顯其光明，令其父母見子所在。佛時遙呼五百童來，應聲皆來，往於虛空中，散花供佛，下稽首禮曰：「自歸命佛，蒙世尊恩，雖身喪亡，得生天上見彌勒佛，更仰恩德，化諸不及。」佛言：「善哉！汝等快悅，知道至真，與立塔寺，因是生天，既得生天，見於彌勒，諮受法誨。」佛爲說法，咸然歡喜，立不退轉，各白父母：「勿復愁憂，人各有命，不可强留，努力精進，以法自修；人在三界，猶如繫囚，得道度世，乃得自由；歸命三寶，脫于三毒，發菩提心，乃得長久；遊四使水，度脫四魔。」父母聞之，悉從其教，皆發道意。

時諸天子，稽首足下，遶佛三匝，作禮而退，忽然不現，還兜率天。佛說如是，聞者莫不歡喜。

——本文見「生經」卷四：佛說五百幼童經。

2.無著菩薩上兜率問法

婆藪槃豆（無著），是菩薩根性人，於薩婆多部出家，後修定得離欲，思惟空義不能得入，欲自殺身，賓頭盧阿羅漢在東毗提訶觀見此事，從彼方來，爲說小乘空觀，如教觀之，即便得入。

雖得小乘空觀，意猶未安，謂理不應止爾，因此，乘神通往兜率陀天諮問彌勒，菩薩爲說大乘空觀。因此名阿僧伽。何僧伽，譯即無著。

爾後數上兜率陀天，諮問彌勒大乘經義，彌勒廣爲解說，隨有所得，還閻浮提，以己所聞爲餘人說，然聞者多不生信。

無著法師即自發願：「我今欲令衆生信解大乘，唯願大師下閻浮提解說大乘，令諸衆生皆得信解。」彌勒即如其願，於夜時下閻浮提，放大光明，廣集有緣衆，於說法堂誦出十七地經，隨所誦出，隨解其義。經四月夜，解十七地經方竟。雖同於一堂聽法，唯無著得近彌勒菩薩，餘人但得遙聞。夜共聽彌勒説法，晝時無著更爲餘人解釋彌勒所説，因此衆人皆信大乘。

彌勒菩薩教無著法師修日光三摩提，如説修學，即得此定，從得此定後，昔所未解，悉能通達，有所見聞，永憶不忘。佛往昔所説華嚴等諸大乘經悉解義。彌勒前於兜率陀天爲無著法師解説諸大乘經義，法師因乃通達，皆能憶持。後於閻浮提，造大乘經優波提舍，解釋佛所説一切大教。

——本文見真諦譯：「婆藪槃豆法師傳」

3.道安大師往生事蹟

安每與弟子法遇等，於彌勒像前立誓，願生兜率。後至秦建元二十一年，正月二十七，忽有異僧，形甚庸陋，來寺寄宿，寺房既窄，處之講堂。時維那直殿，夜見此僧從窗隙出入，乃以白安。安驚起禮訊，問其來意，答云：「相爲而來。」安曰：「自審罪深，豈可度脫？」彼答云：「甚可度耳，然須更浴，聖僧情願必果。」具示浴法。安請問來生所往之處，彼乃以手虛撥天之西北，即見雲開，備睹兜率妙勝之報。爾夕，大衆數十人悉皆同見。安後營浴具，見有非常小兒伴侶，數十人來入寺戲，須臾就浴，果是聖應也。至其年二月八日忽告衆曰：「吾當去矣。」是日齋畢，無疾而卒，葬城内五級寺中。是歲晉太元十年也，年七十二。

——見「高僧傳」卷五

4. 玄奘大師往生事蹟

法師翻般若後，自覺身力衰竭，知無常將至。……遂絕翻譯，麟德元年春正月八日有弟子高昌僧玄覺，夢見有一佛像端嚴高大，忽然崩倒，見已驚起告法師。法師曰：「非汝身事，此是吾滅謝之徵。」至九日暮間，於房後度渠，腳跌倒脛上，有少許皮破，因即患疾，氣候漸徵。

至十六日，如從夢覺，口云：「吾眼前有白蓮華大於槃，鮮淨可愛。」十七日，又夢見百年人形容偉大，俱著錦衣，將諸綺繡妙花珍寶，裝法師所臥房宇、以次裝嚴遍翻經院內外，直至院後山嶺林木，悉豎幡幢，衆彩間錯並奏音樂。門外又見無數寶輿，輿中香食美果色類百千，並非人間之物，各各擎來供養於法師，法師辭曰：「如此珍味，證神通者，方堪受食，玄奘未階此位，何敢接受。」雖經推辭而進食不止。侍人咳嗽，遂爾開目，因向寺主慧德具說前事，又云：「玄奘一生以來所修福慧，准斯相貌，似功不唐捐，信如佛教因果並不虛也。」

遂命嘉尚法師，具錄所翻經論，合七十四部，總一千三百三十八卷，又錄造俱胝畫像彌勒像，各一千幀，又造塑像十俱胝，又抄寫能斷般若、藥師六門陀羅尼等經各一十部，供養悲敬二田，各萬餘人，燒百千燈贖數萬生，錄訖令嘉尚宣讀，聞已合掌喜慶。又告門人曰：

「吾無常期至，意欲捨墮，宜命有緣總集。」於是盡捨衣資更令造像，並請僧行道，至二十三日設齋䞋施，其日又命塑工宋法智，於嘉壽殿豎菩提像骨已，因寺衆及翻譯大德並門徒等，乞歡喜辭別云：「玄奘此毒身，深可厭患，所作事畢，無宜久住，願以所修福慧，迴施有情，同生睹史多天，彌勒內眷屬中，奉事慈尊，佛下生時，亦願隨下，廣作佛事，乃至無上菩提。」辭訖便默正念。

時復口中誦：「色蘊不可得，受想行識亦不可得；眼界不可得，乃至意界亦不可得；眼識界不可得，乃至意識界亦不可得；無明不可得，乃至老死亦不可得，乃至菩提不可得，不可得亦不可得。」復口說偈教傍人云：「南無彌勒如來應正等覺，願與含識速奉慈顏；南無彌勒如來所居內衆，願捨命已必生其中。」

時寺主慧德，又夢見有千軀金像，從東方來下，入翻經院，香花滿空。至二月四日夜半，看病僧明藏禪師見有二人，各長一丈許，共捧一白蓮華，如小車輪，花有三重，葉長尺餘，光淨可愛，將至法師前，擎花人云：「師從無始已來，所有損惱有情諸惡業，因今小疾，並得消除，應生欣慶。」法師顧視，合掌良久，遂以右手而自支頭，次以左手伸左腿上，舒足重疊，右脇而臥，迄至命終竟不迴轉。

不飲不食至五日夜半，弟子光等問：「和上決定得生彌勒內院不？」法師報云：「決定得生。」言訖喘息轉微，少間神遊。侍者不覺，天明方知。從足向上漸冷，最後頂暖，顏色赤白，怡悅勝常，過七七日竟無改變，亦無異氣。……

法師亡後，西明寺上座道宣律師，有感神之德，至乾封年中見有神現，自云：「弟子是韋將軍諸天之子，主領鬼神，如來欲入涅槃，勅弟子護持瞻部神州遺法，見師戒行清嚴，留心律部，四方有疑皆來諮決，惟所制輕重時有乖錯，致師年壽漸促，文記不正便誤後人，以是故來示師佛意。」因指宣所出律抄及輕重儀僻謬之處，皆令改正。宣聞之悚慄悲喜，因問經律論等種種疑妨，神皆爲決之，又問古來傳法之僧，德位高下，並亦問及玄奘法師，神答曰：「自古諸師解行互有短長，而不一準，且如奘師，九生已來備修福慧兩業，生生之中外聞博洽聰慧辯才，於瞻部神州支那國常爲第一，福德亦然，其所翻譯，文質相兼無違梵本。由善業力今生睹史多天慈氏内衆，已聞法悟解得聖，更不來人間。」……

——本文取自大慈恩寺「三藏法師傳」卷十、釋彥琮撰

5. 窺基大師感夢造上生經疏

……。後躬遊五台山，登太行至西河古佛宇中宿，夢身在半山，巖下有無量人唱苦聲。冥昧之間，初不忍聞，徒步往彼，層峯皆琉璃色，盡見諸國土，仰望一城，城中有聲曰：「住！住！咄！基公未合到此。」斯須二天童自城出問曰：「汝見山下罪苦衆生否？」答曰：「我聞聲而不見形。」童子遂投與劍曰：「剖腹當見矣。」基自剖之，腹開有光兩道暉映山下，見無數人，受其極苦。時童子入城，持紙二軸及筆投之，基捧得而去。及旦驚異未已，過信夜，寺中有光久

而不滅，尋視之，數軸發光者，探之得彌勒上生經，乃憶前夢，必慈氏令造疏，通暢其理耳，遂授毫次，筆錄有舍利二七粒而隕，如吳含桃許大，紅色可愛，次零然而下者，狀如黃粱粟粒。……

基生常勇進造彌勒像，對其像前，日誦菩薩戒一遍，願生兜率，求其志也，乃發通身光瑞，爛然可觀。……

——見「宋高僧傳」卷四

6.年老歸心　命終慈氏來接

（前略）至年七十二，忽起懷土之心，歸於昭義，如同初夏，誦戒行道。每一坐時，面向西北，仰視兜率天宮，冥心內院，願捨壽時得見天主，永離凡濁終得轉依。一日晨興澡洗訖，整肅容儀，望空禮拜，如有哀告之狀，少頃結跏趺坐，囑咐流通教法，言畢，忽異香滿室，彩雲垂空。忠合掌仰視曰：「穢弱比丘，何煩大聖躬來引接。」言盡而化，鄉人道俗建塔供養，全身不壞，至今河東鄉里，高岡存焉。

7. 彌勒菩薩下降 親授戒法

——本文取自「宋高僧傳」卷四釋義忠傳。

（前略）真表自思惟曰：「我若堂下辭親，室中割愛，難離欲海。莫揭愚籠爲上。」由是逃入深山，以刀截髮，苦行懺悔舉身撲地，志求戒法，誓願要期彌勒菩薩親授戒法也。夜倍日功遶旋叩禮，心心無間，念念翹勤。

經於七宵，詰旦見地藏菩薩，手搖金錫爲表策發，教發戒緣作授前方便。感斯瑞應，歡喜遍身，勇猛過前。二七日滿，有大鬼現可怖相，推表墜於巖下，而身無所傷，乃匍匐就登石壇上，加復用功，然魔相未休，百端千緒。

至第三七日天明，有吉祥鳥鳴曰：「菩薩來也。」乃見白雲若浸，粉然更無高下；山川平滿，成銀色世界。兜率天主公正自在，儀衞陸離，圍遶石壇，香風華雨，都非凡世之景物。

爾時慈氏徐步向行，至於壇所，垂手摩表頂曰：「善哉！大丈夫，求戒如是。至於再、至於三，須彌山可手攘而卻，爾心終不退。」乃爲授法。表身心和悅，猶如三禪，意識與樂根相應也。四萬二千福河常流一切功德，尋發天眼。慈氏躬授三法衣瓦缽，復賜名曰真表，又於膝下出二物，非牙非玉，乃籤檢之制也。一題曰九者，一題曰八者，各二字，付於表云：「若入求戒，當先悔罪，罪福則持犯性也，更加一百八籤，籤上署百八煩惱名目。如來戒人，或九十日，或四十日，或三七日行懺，苦到精進期滿限終，將九八二籤參合百八者，佛前望空而擲，其籤墮地以驗罪滅不滅之相，若百八籤飛逗四畔，唯八九二籤卓然壇心而立者，即得上上品戒，若衆籤雖遠，或一二來觸九八籤，拈觀是何煩惱名，抑令前人重覆懺悔已，正將重悔惱籤和九八者，擲其煩惱籤，去者名中品戒，若衆籤埋覆九八者，則罪不滅不得戒也，設加懺悔，過九十日乃得下品戒。」慈氏重告誨云：

「八者，新熏也，九者本有焉。」囑累已，天仗既迴，山川雲晴。於是持天衣，執天缽，猶如五夏比丘。（後略）

——本文取「宋高僧傳」卷十四釋真表傳。

高僧傳卷三釋智嚴：

嚴昔未出家時，嘗受五戒，有所虧犯，後出家受具足戒，常疑不得戒，每以爲懼。又積年禪觀而不能自了，遂更汎海重到天竺，諮諸明達。值羅漢比丘，乃以是事問羅漢，羅漢不敢判決，乃爲入定往兜率宮諮彌勒，彌勒答云：「得戒。」告嚴，嚴大喜。於是步歸至罽賓，無疾而化。

卷五竺僧輔：

竺僧輔，鄴人也，少持戒行，執志貞苦，學通諸論，兼善經法。道振伊洛，一都宗事。值西晉饑亂，輔與釋道安等，隱於濩澤，研精辯析，洞盡幽微，後憩荊州上明寺，單蔬自節，禮懺翹懃，誓生兜率，仰瞻慈氏。時瑯琊王忱爲荊州刺史，藉輔貞素，請爲戒師，一門宗奉。後未亡二日，忽云：「明日當去。」至于臨終，妙香滿室，梵響相係，道俗奔波，來者數萬。是日後分，無疾而化，春秋六十。

卷五曇釋戒：

釋曇戒，一名慧精，姓卓，南陽人，晉外兵郎，棘陽令潛之弟也。居貧務學，遊心墳典，後聞於法道講放光經，乃借衣一聽，遂深悟佛理，廢俗從道，伏事安公爲師。博通三藏，誦經五十餘萬言，常日禮五百拜佛，晉臨川王甚知重。後篤疾，常誦彌勒佛，名不輟口。弟子智生侍疾，問：「何不願生安養？」戒曰：「吾與和上（指道安）等八人，同願生兜率，和上及道願等，皆已往生，吾未得去，是故有願耳。」言畢即有光照於身，容貌更悅，遂奄爾遷化，春秋七十，乃葬安公墓右。

續高僧傳卷二釋彥琮：

（彥琮）素患虛冷，發痢無時，因卒于館，春秋五十有四，即大業六年七月二十四日也。俗緣哀悼，歸葬柏人。初將卒之晨，形羸神爽，問弟子曰：「齋時至未？」對曰：「未也。」還瞑目而臥，如此再三，乃迴身引頸向門視日曰：「齋時已至，吾當去。」索水盥手焚香，迎彌勒畫像，合掌諦觀，開目閉目乃經三四，如入禪定，奄爾而終。

卷六釋慧約：

乃以大同元年八月，使人伐門外樹枝曰：「輿駕當來，勿令妨路。」人未之測，至九月六日現疾，北首右脇而臥，神識恬愉，了無痛惱，謂弟子曰：「我夢四部大衆，幡花羅列，空中迎我凌雲而去，福報當訖。」至十六日，皇帝勅遣舍人徐儼參疾，答云：「今夜當去。」至五更二唱，異香滿室，左右肅然，乃曰：「夫生有死，自然恒數，勤修念慧，勿起亂想。」言畢，合掌便入涅槃，春秋八十有四，六十三夏，天子臨訣悲慟。……

卷十釋法上：

山之極頂造彌勒堂，衆事莊嚴，備極華麗，四事供養百五十僧。及齊破佛法，不及山寺。上私隱，俗服習業如常，願若終後覲睹慈尊，如有殘年，願見隆法，更一頂禮慈氏如來。……

卷十釋曇衍：

以開皇元年三月十八日，忽告侍人無常至矣，便誦念彌勒佛，聲氣俱盡，於時正中，傍僧同觀，顏色怡悅，時年七十有九。……未終之前，有夢見衍，朱衣螺髮，頒垂於背，二童侍之，昇空至西北高逝，尋爾便終，時共以爲生天道者矣。

卷十四釋靈幹：

至十七年遇疾悶絕，唯心未冷未敢藏殯，後醒述云：「初見兩人手把文書戶前而立曰：「有人欲見師。」俛仰之間乃與俱往，狀如乘空，足無所涉，到一大園，七寶樹林端嚴如畫。二人送達便辭而退。幹獨入園東西極目，但見林地山池，無非珍寶，焜焜亂目不得正視。

樹下花座或有人坐或無人坐，忽聞人喚云：「靈幹汝來此耶？」尋聲望之，乃慧遠法師也，禮訊問曰：「此爲何所？」答：「是兜率陀天，吾與僧休同生於此，次吾南座上者，是休法師也。」遠與休形並非本身，頂戴天冠衣以朱紫，光偉絕世，但語聲似舊依然可識。又謂幹曰：「汝與我諸弟子後皆生此矣。」因爾覺悟重增故業，端然觀行，絕交人物。

卷二十三釋智晞：

未終數日，語弟子云：「吾命無幾，可作香湯。」洗浴適竟，山中鳥獸，異色殊形，常所不見者，並皆來集房側，履地騰空，悲鳴喚呼，經日方散。十二月十七日夜，跏趺端坐，仍執如意說法，辭理深邃。既竟，告弟子曰：「吾將汝等造次相值，今當永別，會遇靡期。」言已寂然無聲良久，諸弟子哭泣，便開眼誡曰：「人生有死，物始必終，世相如是，寧足可悲，今去勿再鬧亂於吾也。」又云：「吾習禪已來，至於今日四十九年，背不著床，吾不負信施，不負香火，汝等欲得將吾相見，可自勤策行道，法不負人。」弟子因即諮啟：「未審和尚當生何所？」答云：「如吾見夢，報在兜率，宮殿青色，居天西北，見智者大師，左右有諸天人皆坐寶座，唯一座獨空，吾問所次？答曰：『灌頂卻後六年，當來昇此說法。』十八日朝語諸弟子：『汝等並早須齋，吾命須臾。』爾日村人登山參疾，食竟辭還。又曰：『既辛苦遠來，更停少時，待貧道前去。』其人不解，苦辭不住。當爾之時，皎日麗天全無雲翳，謂參人曰：「既已不往，可疾去。」雨尋落，去者少時驟雨如瀉。春秋七十有二，以貞觀元年十二月十八日午時，結跏安坐，端直儼然，氣息綿微，如入禪定，因而不返。時虛空中有絃管聲，合衆皆聞，良久乃息。……

卷二十三釋灌頂：

忽以貞觀六年八月七日，終於國清寺房，春秋七十有二。初薄示輕疾，不曾藥療，而室有異香，臨終命弟子曰：「彌勒經說：佛入滅日，香煙若雲。汝多燒香，吾將去矣。」因伸遺誡，詞理妙切，門人衆侶，瞻仰涕零，忽自起合掌，如有所敬，發口三稱阿彌陀佛，低身就臥，累手當心，色貌歡愉，奄然而逝，舉體柔軟，頂暖經日。嘗有同學智晞，智顗所親度，清亮有名，先以貞觀元年卒，臨終云吾生兜率天矣，見先師智者，寶座行列皆悉有人，唯一座獨空，云卻後六年，灌頂法師昇此說法。焚香驗旨，即慈尊降迎，計歲論期，晞言不謬矣。

卷二十五釋惠仙：

夢僧告曰：「汝次冬間必當遷化，可早運行，應得延期。」便如常業，不以爲慮。至九月中，微覺病不愈，知終在近，告侍人曰：「吾出家有年，屢受菩薩戒，今者更欲受之。」召諸大德，並不赴命，乃曰：「大德但自調耳，何名度人。」又曰：「取戒本讀誦訖，自慶潸然而止。」入夜有異天仙，星布前後，高談廣述，乍隱乍顯，合寺聞見，或見佛像來入房者。日次將午，忽起坐合掌召衆人曰：「大限雖多，小期一念，並好住，願與諸衆爲歷劫因緣。」遂臥氣絕，年七十五，即永徽六年十一月十七日也，道俗哀之，雲布原野。寺有互禪師，穎脫當時，有聲京洛，行彌勒業，願生在四天，睹仙行業感徵，告衆曰：「必見慈氏矣，若乖斯者，何能感應若是乎。」

宋高僧傳卷七釋希圓：

圓之修習，願見彌勒。一日講次，屹然坐終於法座，時衆聞異香襲人，天樂錚響，或絕或連，七日後已，此真上生之證歟？

卷七釋貞誨：

但專香燭塗掃，以兜率内院爲息肩之地。至後唐清泰二年二月十日，召弟子五十餘人，自具香湯澡浴，令唱上生禮佛，盡捨衣資，爲非時僧得施半齋僧訖，至十一日望空合掌云：「勞其衆聖，排空相迎。」滿百徒侶，爾日皆聞天樂之音，頃刻而卒，俗壽七十三，僧五十四臘，於寺講貫三十餘年，經講計三十七座，覽藏經二遍，修彌勒内院業。以其年二月十八日，葬於效果寺莊之原。旛幢威儀，幡白弟子，約千餘人會送焉。

卷七釋恒超：

又相國瀛王馮道，聞其名，知是鄉關宗人，先遺其書，序以歸向之意，超曰：「貧道閒人，早捨父母，剋志修行，本期彌勒知名，不謂浪傳於宰衡之耳也，於吾何益。」門人勸勉，不得已，而答書具陳出家之人，豈得以虛名薄利而留心乎，瀛王益加敬重，表聞漢祖，遂就賜紫衣，自此忽忽不樂。以乾祐二年仲春三日，徵疾數辰，而終於本院，院衆咸聞天樂沸空，乃升兜率之明證也。

卷七釋繼倫：

其為人也，慈忍成性，戒範堅强，人望之而心服。以劉氏據有并汾，酷重其道，署號法寶，錄右街僧事。寬猛相參，無敢違拒，以僞漢己巳歲冬十月示疾，心祈口述，願生知足天，終後頂熱半日方冷。則開寶二年也，享年五十一。闍維畢，淘獲舍利，遠近取供養焉。

卷十四釋道宣：

貞觀中，曾隱沁部雲室山，人睹天童給侍左右，於西明寺夜行道，足跌前階，有物扶持，履空無害，熟顧視之，乃少年也。宣乃問何人，中夜在此？少年曰：「某非常人，即毗沙門天王之子哪吒也，護法之故，擁護和尚時之久矣。」宣曰：「貧道修行，無事煩太子，太子威神自在，西域有可作佛事者，願爲致之。」太子曰：「某有佛牙，寶掌雖久，頭目猶捨，敢不奉獻。」俄授於宣，宣保錄供養焉。復次，有一天來禮謁，謂宣曰：「律師當生睹史天宮。」持物一包，云是棘林香，爾後十旬安坐而化。

卷二十六釋慧雲：

長安元年，來觀梁苑，夜宿繁台，企望隨河北岸有異氣，見天已明，入城尋睹，乃歙州司馬宅，東北園中之池沼。雲乃徒步臨岸，見瀾漪中有天宮影，參差樓閣，合沓珠瓔，門牆綵繪，而九重儀像，公正而千狀，直謂兜率之宮院矣。雲睹斯異事，喜貫心府：「吾聞智嚴經說；琉璃地上現宮殿之影，此不思議之境界也，今決擬建梵宮，答其徵瑞。」乃掛錫於安業寺。神龍二年丙午，往州屬縣報成寺，發願爲國摹寫彌勒像，舉高一丈八尺，募人出金（以爲建寺）……（寺成）雲於彌勒像前泣淚焚香，重禮重告曰：「若與此有緣，當現奇瑞，策悟羣心。」少頃，像首上放金色光，照耀天地，滿城士庶皆嘆希有。

卷二十七釋法輿：

（法輿）付囑門人即修功德，建三層七間彌勒大閣，高九十五尺，尊像七十二位，八大龍四之從嚴飾。……大和二年春正月，聞空有聲云：「入滅時至，兜率天衆，今來迎導。」於是洗浴焚香，端坐入滅，建塔於寺西北一里所。

比丘尼傳卷二釋玄藻尼：

玄藻，本姓路，吳郡人，年十餘，身患重疾，雖服良藥，病增無減。時玄台寺釋法濟，語藻父曰：「恐此疾由業起，非藥可消，貧道見佛經有云：若人遇危苦，能歸依三寶，懺悔求願者，皆獲救濟。君能與女並捐棄邪俗，洗滌塵穢，專心一向，當得痊癒。」父然之，即於上設觀世音齋，澡心潔意，傾誠戴仰。扶疾稽首，專念相續。經七日初夜，忽見金像高尺許，三摩其身，從頭至足，即覺沈痾忽然消癒。既靈驗在躬遂求出家，住玄台寺，精勤匪懈，誦法華經，菜食長齋三十七載，常翹心注想，願生兜率。……

卷二光靜尼傳：

光靜，本姓胡，名道婢，吳興東遷人，幼出家隨師住廣陵中寺。靜少而勵行，長而習禪思，不食甘肥，將受大戒，絕穀食松。受具足戒之後，積十五年，雖心識鮮明而體力疲憊，祈誠慊到，每即感勞，常經累月，沙門釋法成謂曰：「絕食非佛法事。」靜聞之還食粳糧，倍加勇猛精學不倦，從學觀行者常百許人。元嘉十八年五月患疾，曰：「我厭苦此身，其來久矣。」於是牽病懺悔不離心口，情理恬明，神氣怡悅。至十九年歲旦，飲粒皆絕，屬念兜率，心心相續，如是不斷，至四月十八日夜，殊香異相滿虛空中，其夜命過焉。

卷四淨秀尼傳：

淨秀本姓梁，安定烏氏人。淨秀幼而聰明好行慈仁，七歲自然持齋，家中請僧講涅槃經，聞斷魚肉即便蔬食，不敢令二親知，若得魚畜密自棄之。從外國沙門普練諮受五戒，精勤奉持不曾違犯，禮拜讀誦晝夜不休。年十二便求出家，父母禁之，及手能書常自寫經，所有資財唯充功德，不管俗好，不依錦繡不著粉黛。如此推遷，至十九方得聽許，爲青園寺首尼弟子。事師竭誠，猶懼弗及，三業勤修夙夜匪懈，僧使衆役，每居其首，跋涉勤劬觸事關涉，善神敬護，常在左右。時有馬先生，世呼爲神人，見秀記言：「此尼命終當生兜率。」……年老弱，不復能行，梁天藍五年六月十七日，苦心悶不復飲食，彭城寺慧令法師六月十九日夢見一桂殿，嚴麗非常，謂是兜率天宮，見淨秀在其中，令即囑之，得生好處勿忘接引，秀曰：「法師只是大丈夫，弘通經教自應居勝地。」至七月十三日小間，自夢見幡蓋樂器在佛殿西，二十二日請相識僧會別，二十七日告諸弟子：「我升兜率天。」言絕而卒，年八十九。

8. 憨山大師夢昇兜率

又一夕，夢自身覆空上昇，高高無極，落下，則見十方迴無所有，唯地平如鏡，琉璃瑩徹，遠望唯一廣大樓閣，閣量如空，閣中盡其世間所有人物事業，乃至最小市井鄙事，皆包其中，往來無外。於閣中設一高座，紫金𣯶色，予心知爲金剛寶座，其閣莊嚴妙麗，不可思議，予歡喜欲近，心中思惟：「如何清涼界中，有此雜穢耶？」才作此念，其閣即遠。尋復自思曰：「淨穢自我心生耳。」其閣即近。頃之，見座前侍列僧衆，身最高大，端嚴無比。忽有一比丘，從座後出，捧經一卷而下，授予曰：「和尚即說此經，特命授汝。」予接之展視，乃金書梵字，不識也，遂懷之，因問和尚爲誰？曰：「彌勒。」予喜，隨比丘而上，至閣陛，瞑目斂念而立，忽聞磬聲，開目視之，見彌勒已登座矣。予即瞻禮，仰視其面，晃耀紫金色，世無可比者。禮畢，自念今者特爲我說，則我爲當機，遂長跪，取卷展之。

聞其說曰：「分別是識，無分別是智，依識染，依智淨；染有生死，淨無諸佛。」至此，則身心忽空，但聞空中音聲歷歷，及覺，恍然言猶在耳也，自此，識智之分，了然心目矣，且知所至，乃兜率天，彌勒佛閣耳。

——本文取自「憨山大師年譜疏」，真善美出版社印行，第四一頁。

9. 虛雲老和尚兜率受教

辛卯年，師一百一十二歲

春戒期中，「雲門事變。」

三月初三日，師病重時，即趺坐入定，閉目不視、不言、不食、不飲水，惟侍者法雲、寬純日夜侍之，端坐歷九日。十一日早，漸倒下，作吉祥臥，侍者以燈草試鼻官，氣已絕矣，診左右手脈，亦已停矣，惟顏色如常，體尚溫。十二日早，微聞呻吟，旋開目，侍者告以時間，師曰：「我覺才數分鐘耳。」語侍者法雲曰：「速執筆爲我記之，勿輕與人說，啓疑謗也。」師從容曰：「余頃夢至兜率內院，莊嚴瑰麗，非世間有，見彌勒菩薩，在座上說法，聽者至衆，其中十餘人，係宿識者，即江西海會寺志善和尚，天台山融鏡法師，岐山恒誌公，百歲寶悟和尚，寶華山聖心和尚，讀體律師，金山觀心和尚，及紫柏尊者等。余合掌致敬，彼等指余坐東邊頭序第三空位。阿難尊者當維那，與余座靠近。聽彌勒菩薩講「唯心識定」未竟，彌勒指謂余曰：「你回去。」余曰：「弟子業障深重，不願回去了。」彌勒曰：「你業緣未了，必須回去，以後再來。」並示偈曰：

識智何分　波水一個　莫昧瓶盆　金無厚薄
性量三三　麻繩蝸角　疑成弓影　病惟去惑
凡身夢宅　幻無所著　知幻即離　離引即覺
大覺圓明　鏡鑑森羅　空花凡聖　善惡安樂
悲願渡生　夢境斯作　劫業當頭　驚惕普覺
苦海慈航　勿生退卻　蓮開泥水　端坐佛陀

以下還有多句，記不清了，尚另有開示，今不說。」

——本文取自「虛雲老和尚年譜」

國家圖書館出版品預行編目資料

彌勒淨土真義闡述 / 慧廣法師編著. -- 初版. -- 新北市：華夏出版有限公司, 2024.07
面； 公分. --（慧廣法師作品集：005）
ISBN 978-626-7393-51-2（平裝）
1.CST：淨土宗

226.56 113004486

慧廣法師作品集 005

彌勒淨土真義闡述

編　著　慧廣法師
出　版　華夏出版有限公司
220 新北市板橋區縣民大道 3 段 93 巷 30 弄 25 號 1 樓
電話：02-32343788　傳真：02-22234544
E-mail：pftwsdom@ms7.hinet.net
印　刷　百通科技股份有限公司
電話：02-86926066　傳真：02-86926016
總經銷　貿騰發賣股份有限公司
新北市 235 中和區立德街 136 號 6 樓
電話：02-82275988　傳真：02-82275989
網址：www.namode.com
版　次　2024 年 7 月初版一刷
特　價　新臺幣 500 元（缺頁或破損的書，請寄回更換）

ISBN-13：978-626-7393-51-2